全省高校2018年思政工作十大建设计划重点项目（"形势与政策"课改革项目）——"儒家优秀文化与中华民族伟大复兴"主要成果。

教育部2018年思想政治理论课教学方法改革择优推广项目——"中华传统文化融入思政课教学研究"成果之一。

该成果的出版得到省重点马克思主义学院建设经费资助。

该成果的出版得到泰山学者工程专项经费（TS201712038）资助。

主编：张立兴　　副主编：辛宝海　朱 斌

RUJIA YOUXIU WENHUA YU
ZHONGHUA MINZU WEIDA FUXING
XINGSHI YU ZHENGCE XIAOBEN ZHUANTI JIAO'AN

儒家优秀文化与中华民族伟大复兴

《形势与政策》（校本专题）教案

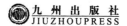

九 州 出 版 社
JIUZHOUPRESS

图书在版编目（CIP）数据

儒家优秀文化与中华民族伟大复兴：《形势与政策》
（校本专题）教案／张立兴主编．－－北京：九州出
版社，2020.10

ISBN 978－7－5108－9731－3

Ⅰ．①儒…　Ⅱ．①张…　Ⅲ．①时事政策教育—教案
（教育）—高等学校　Ⅳ．①G641.41

中国版本图书馆 CIP 数据核字（2020）第 214376 号

儒家优秀文化与中华民族伟大复兴：
《形势与政策》（校本专题）教案

作　者	张立兴　主编
出版发行	九州出版社
地　址	北京市西城区阜外大街甲 35 号（100037）
发行电话	（010）68992190/3/5/6
网　址	www. jiuzhoupress. com
电子信箱	jiuzhou@ jiuzhoupress. com
印　刷	三河市华东印刷有限公司
开　本	710 毫米 ×1000 毫米　16 开
印　张	16
字　数	135 千字
版　次	2021 年 1 月第 1 版
印　次	2021 年 1 月第 1 次印刷
书　号	ISBN 978－7－5108－9731－3
定　价	68.00 元

前　言

　　习近平总书记在全国高校思想政治工作会议上的重要讲话强调指出，要教育引导学生：正确认识世界和中国发展大势、正确认识中国特色和国际比较、正确认识时代责任和历史使命、正确认识远大抱负和脚踏实地。高校"形势与政策"课是贯彻落实习近平总书记提出的"四个正确认识"、培育大学生家国情怀、世界视野和使命担当的主渠道主阵地。在新时代新常态下，如何增强"形势与政策"课教学的针对性、实效性和吸引力，切实引领和帮助大学生坚定道路自信和文化自信，是高校面临的一项重大课题。党的十八大以来，中宣部教育部和山东省委教育工委空前重视"形势与政策"课教学，各高校积极尝试教学改革，我校也因势而谋、应势而动、顺势而为，在"形势与政策"课教学探索中形成了"六个结合"的教学模式。

一、管理体制：马克思主义学院与学工部结合，实现功能互补

　　"形势与政策"课的教学内容、学时安排以及教师队伍的特殊性，导致了教学在管理体制上的多元。相当长的时间里，多数高校的"形势与政策"课教学由党委宣传部或学工部负责，个别高校由教务处负责。教育部开展全国马克思主义学院、思想政治理论课"标准化建设"以来，绝大多数高校的"形势与政策"课统一由马克思主义学院管理。我校在管理体制上也做出了调整，实施马克思主义学院和学工部结合的模式，实现功能互补。"形势与政策"教研室设在马克思主义学院，院党委书记兼任教研室主任，校学工部副部长兼任教研室副主任。马克思主义学院负责课程的建设规划、教材选用、集体备课、教法指导、听课评课等工作。学工部负责从各学院辅导员中遴选"形势与政策"课兼职教师，并将教学的投入和效果，作为辅导员评优评奖、职务职称晋升的重要依据，调动了兼职教师授课积极性和创造性。

二、教师构成：专职与兼职结合，实现优势互补

　　"形势与政策"课的教学内容广泛，时效性强：每年上半年的教学内容涵盖"两会"精神的宣讲，涉及农业、工业、科技、教育等方方面面；下半年的教学内容则涵盖党的全会精神的宣讲，

涉及党的建设、改革开放稳定、国防外交军事、国际关系等，授课内容一直随形势的变化而变化，这就要求教师必须具备宽广的视野、丰富的知识、深厚的理论功底以及对党和国家大政方针的理解力和宣讲力。然而，长期以来由于思政课教师的不足，该课的教学基本上由辅导员尤其是年轻辅导员承担。虽然辅导员们很认真，但毕竟教学经验不足，理论功底薄弱，平时学生事务缠身，又缺乏系统的培训，要把课讲好常常显得"力不从心"。为此，我校实施专兼职结合组建队伍：马克思主义学院从学科背景、研究方向与"形势与政策"课所设专题相关度较大、学历高、职称高的教师中遴选专职教师，作专题负责人，带领兼职教师集体备课。专职教师对专题有学术上的研究，授课不仅有广度和深度，且有力度和高度；兼职教师与大学生朝夕相处，对大学生的所思所想、所困所惑、所喜所忧、所期所盼有深切的了解，经过指导后的授课往往更接地气，话语表达方式更易被大学生接受，更能打动学生的心灵。专兼职结合的模式，不仅壮大了"形势与政策"课教师队伍，也为大班改中班、中班改小班授课和加强课堂教学管理、创设更多师生互动提供了必要的条件。

三、授课内容："规定"与"自选"结合，彰显地域文化特色

中宣部教育部对"形势与政策"课教学非常重视，每学期都在《思想理论教育导刊》发布"形势与政策"教学要点，出版

《时事DVD》；山东省教育工委每学期都出版"形势与政策"（山东高校专版）。教材的统一性为确保教学内容的科学性、严肃性、权威性提供了重要的保障。我校在教学内容上实施"规定"与"自选"相结合，即以教育部每学期发布的专题为主，力求准确、完整地领会和掌握教育部所列专题的内容要点、时政背景和时代价值，把课讲得精彩；同时，组织专兼职骨干教师结合省情、校情以及地域文化、校园文化自选部分专题。2018年，我校获全省思政工作十大建设计划重点项目（"形势与政策"课改）——"儒家优秀文化与中华民族伟大复兴"。以该课题的研究为引领，教研室对"自选"专题进行了科学规划和反复凝练，如为大学新生开设：传承儒家文化，滋润人生出彩；圣域、圣城、圣人——走进曲阜，走近孔子；齐鲁大文化——一山一水一圣人；萃华月、西联灯、春风杏坛弦歌声——曲阜师范大学校史教育。面向各年级各专业学生开设：阐文明之新命，兴中华之大道——习近平总书记关于传承发展中华优秀传统文化重要论述；中华民族伟大复兴的行动指南——学习把握习近平新时代中国特色社会主义思想核心要义；民族复兴进程中的马克思主义与中国传统文化；中华优秀传统文化是新发展理念的重要滋养；新轴心时代中国文化的特性；中华文化在全球战"疫"中的贡献。面向大三、大四学生开设：儒家诚信治学与当代学术诚信建设；铭记初心使命，做新时代不懈奋斗者。面向大三文科学生、入党积极分子开设：确保党肩负起民族复兴领导重任的根本大法——学习把握新党章的思想精髓。由于各个专题都经过精心打磨，富有鲜明的特色，因而收到了很好的教学效果。

四、教学形式：课堂讲授与课外实践结合，拓展教育时空

长期以来，高校"形势与政策"课的教学主要以课堂讲授、专家报告为主，实践教学重视不够。事实上，实践教学应是"形势与政策"课教学的重要形式，它有助于大学生走出校门、深入社会、了解国情、省情和民情，更深刻地理解当代中国的形势与党的政策，进一步认识我国经济建设和社会发展取得的巨大进步。我校严格按照教育部"形势与政策"课开设的学时和学分要求组织实施课堂教学。与此同时，围绕课程特点，多措并举优化育人平台建设。例如充分利用校报、广播、网络、墙报、电子屏幕等媒介，设立"形势与政策"教育专栏，及时宣传报道党和国家的重大方针政策，加强对学生的正面引导；依托优学院平台、超星尔雅、清华在线或智慧树在线平台，充分发挥在线教学和课堂教学的优势，提高学生的认知效果；以大学生习近平新时代中国特色社会主义思想研究会、大学生习近平新时代中国特色社会主义思想宣讲团、大学生文化下乡、大学生社会实践调研、青年志愿者活动等为主要载体和路径，拓展"形势与政策"课教学时空，形成课堂理论教学与课外实践教学、实体教学与网络教学的相互支撑。在实践中我们认识到，抓好校内实践活动，可以培养和提

高大学生正确观察分析形势与政策的能力；搞好校外实践活动，可以让大学生更直观地了解我国当前的政治经济形势、企业发展现状、基层民众的所思所想，从而更好地认同党和国家的大政方针，树立应有的社会责任感。

五、教学评价：学生与督导同行评价结合，注重学生获得感

"形势与政策"课讲得精彩不精彩，教学效果好不好，听课的大学生最有发言权。尽管"形势与政策"课课时不多，目前多为大中班授课，教师与学生的接触也不多，但对教师的教学态度、备课付出、教学技能、人格魅力，尤其是教师对自己宣讲的党和国家的大政方针的理解和把握准确与否，对所讲专题能否讲深、讲新、讲透、讲活，大学生是有资格也有能力作出自己的判断和评价的。我校在教学评价上既注重领导、督导、同行评价，更重视和尊重学生的评价，以学生评价（获得感）为主。学生评价方式：一是由教研室定期召开师生恳谈会，倾听学生的心声，了解学生对授课教师的评价；二是在教师授课结束时，教研室派人现场发放评价问卷；三是组织好学生网上评教。将学生对教师教学效果的评价作为主要依据，并在授课酬金发放上逐渐实施多劳多得和"优劳优酬"。

六、学绩考核：结果与过程考核结合，推进知行合一

"形势与政策"课教学的特殊性，要求制定科学合理的学绩考核体系。目前有的高校实施口试，有的实施笔试，有的实施机考。必须指出的是，"形势与政策"课的教学教育，不是一般性知识灌输。我们认为，作为定性为主定量为辅的学习考核，不宜采取机考方式，而应采取笔试，笔试可开卷也可闭卷，但有一条就是最终的成绩不应仅仅是学生期末一张考卷。教师必须要把平时的出勤率、课堂教学参与度、实践操作能力、社会调研报告、小论文撰写等众多因素纳入考核指标，实现结果考核与过程考核的结合。为此，教师必须认真负责教学的组织，同时对教学过程进行精心的设计，创设更多的机会让学生参与课堂教学，激发学生的学习积极性，增强课程教学效果，最终达到知行合一的目标。

编者

2020 年 5 月

目 录
CONTENTS

专题一　弘扬中华文化　助力民族复兴

——习近平总书记关于传承发展中华优秀传统文化重要论述

一、弘扬中国精神，延续中华民族文化血脉

我们的民族是伟大的民族。在五千多年的文明发展历程中，中华民族为人类的文明进步做出了不可磨灭的贡献。……我们的人民是伟大的人民。在漫长的历史进程中，中国人民依靠自己的勤劳、勇敢、智慧，开创了民族和睦共处的美好家园，培育了历久弥新的优秀文化。

——2012 年 11 月 15 日，在新一届中央政治局常委中外记者见面会上的讲话

各种文史知识、中国优秀传统文化，领导干部也要学习，以学益智，以学修身。中国传统文化博大精深，学习和掌握其中的各种思想精华，对树立正确的世界观、人生观、价值观很有益处。古人所说的"先天下之忧而忧，后天下之乐而乐"的政治抱负，

"位卑未敢忘忧国"和"苟利国家生死以，岂因祸福避趋之"的报国情怀，"富贵不能淫，贫贱不能移，威武不能屈"的浩然正气，"人生自古谁无死，留取丹心照汗青"和"鞠躬尽瘁，死而后已"的献身精神等，都体现了中华民族的优秀传统文化和民族精神，我们都应该继承和发扬。

——2013 年 3 月 1 日，在中央党校建校 80 周年庆祝大会暨开学典礼上的讲话

经过几千年的沧桑岁月，把我国 56 个民族、13 亿多人紧紧凝聚在一起的，是我们共同经历的非凡奋斗，是我们共同创造的美好家园，是我们共同培育的民族精神。而贯穿其中的，最重要的是我们共同坚守的理想信念。

——2013 年 3 月 17 日，在十二届全国人大一次会议闭幕会上的讲话

一个没有精神力量的民族难以自立自强，一项没有文化支撑的事业难以持续长久。青年是引风气之先的社会力量。一个民族的文明素养很大程度上体现在青年一代的道德水准和精神风貌上。

——2013 年 5 月 4 日，在各界优秀青年代表座谈会上的讲话

中华文明源远流长，蕴育了中华民族的宝贵精神品格，培育了中国人民的崇高价值追求。自强不息、厚德载物的思想，支撑着中华民族生生不息、薪火相传。

——2013 年 9 月 26 日，在会见第四届全国道德模范及提名奖获得者时的讲话

民族文化是一个民族区别于其他民族的独特标识。要加强对中华优秀传统文化的挖掘和阐发，努力实现中华传统美德的创造性转化、创新性发展，把跨越时空、超越国度、富有永恒魅力、具有当代价值的文化精神弘扬起来，把继承优秀传统文化又弘扬时代精神、立足本国又面向世界的当代中国文化创新成果传播出去。只要中华民族一代接着一代追求美好崇高的道德境界，我们的民族就永远充满希望。

——2014 年 2 月 17 日，在省部级主要领导干部专题研讨班开班式上的讲话

一个国家综合实力最核心的，还是文化软实力，这事关精气神的凝聚。我们要坚定理论自信、道路自信、制度自信，最根本的还要加一个文化自信。中华民族历来有很强的文化自豪感，只是到了鸦片战争时期，在西方的坚船利炮下，中国沦为殖民地半殖民地，文化自信被严重损害。

——2014 年 3 月 7 日，在参加十二届全国人大二次会议贵州代表团审议时的讲话

中华文明经历了 5000 多年的历史变迁，但始终一脉相承，积淀着中华民族最深层的精神追求，代表着中华民族独特的精神标识，为中华民族生生不息、发展壮大提供了丰厚滋养。中华文明是在中国大地上产生的文明，也是同其他文明不断交流互鉴而形成的文明。

——2014 年 3 月 27 日，在联合国教科文组织总部的演讲

一个民族最深沉的精神追求，一定要在其薪火相传的民族精神中来进行基因测序。有着5000多年历史的中华文明，始终崇尚和平，和平、和睦、和谐的追求深深植根于中华民族的精神世界之中，深深溶化在中国人民的血脉之中。中国自古就提出了"国虽大，好战必亡"的箴言。"以和为贵""和而不同""化干戈为玉帛""国泰民安""睦邻友邦""天下太平""天下大同"等理念世代相传。中国历史上曾经长期是世界上最强大的国家之一，但没有留下殖民和侵略他国的记录。我们坚持走和平发展道路，是对几千年来中华民族热爱和平的文化传统的继承和发扬。

——2014年3月28日，在德国科尔伯基金会的演讲

我们的祖先在几千年前创造的文字至今仍在使用。2000多年前，中国就出现了诸子百家的盛况，老子、孔子、墨子等思想家上究天文、下穷地理，广泛探讨人与人、人与社会、人与自然关系的真谛，提出了博大精深的思想体系。他们提出的很多理念，如孝悌忠信、礼义廉耻、仁者爱人、与人为善、天人合一、道法自然、自强不息等，至今仍然深深影响着中国人的生活。中国人看待世界、看待社会、看待人生，有自己独特的价值体系。中国人独特而悠久的精神世界，让中国人具有很强的民族自信心，也培育了以爱国主义为核心的民族精神。

——2014年4月1日，在比利时欧洲学院的演讲

二、凝聚中国力量，吸吮中华民族文化养分

中华民族伟大复兴展现出前所未有的光明前景。我们的责任，就是要团结带领全党全国各族人民，接过历史的接力棒，继续为实现中华民族伟大复兴而努力奋斗，使中华民族更加坚强有力地自立于世界民族之林，为人类作出新的更大的贡献。

——2012 年 11 月 15 日，在新一届中央政治局常委中外记者见面会上的讲话

何为中国梦？我以为，实现中华民族的伟大复兴，就是中华民族近代最伟大的中国梦。因为这个梦想，它是凝聚和寄托了几代中国人的这样的一种夙愿，它体现了中华民族和中国人民的整体利益，它是每一个中华儿女的一种共同期盼。历史告诉我们，我们每一个人的个人的前途命运都是和这个国家的前途命运，都是和这个民族的前途命运密切关联。国家好，民族好，大家才会好。我们为实现中华民族伟大复兴去奋斗的这个历史任务光荣而艰巨，是需要我们一代又一代的中国人不懈地为之共同努力。所以说空谈误国，实干兴邦。

——2012 年 11 月 29 日，在参观"复兴之路"展览时的讲话

劳动创造了中华民族，造就了中华民族的辉煌历史，也必将创造出中华民族的光明未来。"一勤天下无难事。"必须牢固树立劳动最光荣、劳动最崇高、劳动最伟大、劳动最美丽的观念，让

全体人民进一步焕发劳动热情、释放创造潜能，通过劳动创造更加美好的生活。

——2013 年 4 月 28 日，在全国劳动模范代表座谈会上的讲话

中国梦是历史的、现实的，也是未来的。中国梦凝结着无数仁人志士的不懈努力，承载着全体中华儿女的共同向往，昭示着国家富强、民族振兴、人民幸福的美好前景。中国梦是国家的、民族的，也是每一个中国人的。国家好、民族好，大家才会好。只有每个人都为美好梦想而奋斗，才能汇聚起实现中国梦的磅礴力量。

——2013 年 5 月 4 日，在各界优秀青年代表座谈会上的讲话

在中华民族几千年绵延发展的历史长河中，爱国主义始终是激昂的主旋律，始终是激励我国各族人民自强不息的强大力量。不论树的影子有多长，根永远扎在土里。

——2013 年 10 月 21 日，在欧美同学会成立 100 周年庆祝大会上的讲话

一个国家、一个民族的强盛，总是以文化兴盛为支撑的，中华民族伟大复兴需要以中华文化发展繁荣为条件。对历史文化特别是先人传承下来的道德规范，要坚持古为今用、推陈出新，有鉴别地加以对待，有扬弃地予以继承。

——2013 年 11 月 26 日，在曲阜调研时的讲话

站立在 960 万平方公里的广袤土地上，吸吮着中华民族漫长

奋斗积累的文化养分，拥有 13 亿中国人民聚合的磅礴之力，我们走自己的路，具有无比广阔的舞台，具有无比深厚的历史底蕴，具有无比强大的前进定力。中国人民应该有这个信心，每一个中国人都应该有这个信心。

——2013 年 12 月 26 日，在纪念毛泽东同志诞辰 120 周年座谈会上的讲话

在 5000 多年文明发展进程中，中华民族创造了博大精深的灿烂文化，要使中华民族最基本的文化基因与当代文化相适应、与现代社会相协调，以人们喜闻乐见、具有广泛参与性的方式推广开来，把跨越时空、超越国度、富有永恒魅力、具有当代价值的文化精神弘扬起来，把继承传统优秀文化又弘扬时代精神、立足本国又面向世界的当代中国文化创新成果传播出去。要系统梳理传统文化资源，让收藏在禁宫里的文物、陈列在广阔大地上的遗产、书写在古籍里的文字都活起来。

——2013 年 12 月 30 日，在主持中央政治局第十二次集体学习时的讲话

一个国家的文化软实力，从根本上说，取决于其核心价值观的生命力、凝聚力、感召力。培育和弘扬核心价值观，有效整合社会意识，是社会系统得以正常运转、社会秩序得以有效维护的重要途径，也是国家治理体系和治理能力的重要方面。历史和现实都表明，构建具有强大感召力的核心价值观，关系社会和谐稳定，关系国家长治久安。

——2014 年 2 月 26 日，在主持中央政治局第十三次集体学习时的讲话

历经苦难，中国人民珍惜和平，希望同世界各国一道共谋和平、共护和平、共享和平。历史将证明，实现中国梦给世界带来的是机遇不是威胁，是和平不是动荡，是进步不是倒退。

——2014 年 3 月 27 日，在中法建交 50 周年纪念大会上的讲话

每个时代都有每个时代的精神，每个时代都有每个时代的价值观念。国有四维，礼义廉耻，"四维不张，国乃灭亡"。这是中国先人对当时核心价值观的认识。在当代中国，我们的民族、我们的国家应该坚守什么样的核心价值观？这个问题，是一个理论问题，也是一个实践问题。

——2014 年 5 月 4 日，在北京大学师生座谈会上的讲话

文明因交流而多彩，文明因互鉴而丰富。文明交流互鉴，是推动人类文明进步和世界和平与发展的重要动力。我们要通过推动跨国界、跨时空、跨文明的交流互鉴活动，促进各国人民相互了解、相互理解、相互支持、相互帮助，在世界各国人民心灵中坚定和平理念、坚定共同发展理念，形成防止和反对战争、推动共同发展的强大力量。

——2014 年 5 月 15 日，在中国人民对外友好协会成立 60 周年纪念活动上的讲话

今天，中华民族要继续前进，就必须根据时代条件，继承和

弘扬我们的民族精神、我们民族的优秀文化，特别是包含其中的传统美德。我们倡导的富强、民主、文明、和谐，自由、平等、公正、法治，爱国、敬业、诚信、友善的社会主义核心价值观，体现了古圣先贤的思想，体现了仁人志士的夙愿，体现了革命先烈的理想，也寄托着各族人民对美好生活的向往。只要是中国人，就应该自觉培育和践行社会主义核心价值观。

——2014 年 5 月 30 日，在北京市海淀区民族小学主持召开座谈会时的讲话

三、走好中国道路，站稳中华民族文化根基

自 1840 年以来，我们是持续奋斗，在中国大地上展现出了中华民族伟大复兴的光明前景。我们大家都能感到，我们现在比历史的任何时期都更接近中华民族伟大复兴这个目标，我们现在比历史上的任何时期都有信心、都有能力实现这个目标。

——2012 年 11 月 29 日，在参观"复兴之路"展览时的讲话

中国已经取得举世瞩目的发展成就，但我国仍是一个发展中国家，仍然面临一系列严峻挑战，还有许多需要面对和解决的问题。我们既不妄自菲薄，也不妄自尊大，更加注重学习吸收世界各国人民创造的优秀文明成果，同世界各国相互借鉴、取长补短。

——2012 年 12 月 5 日，在外国专家代表座谈会上的讲话

实现中国梦必须走中国道路。这条道路来之不易，它是在改革开放 30 多年的伟大实践中走出来的，是在中华人民共和国成立 60 多年的持续探索中走出来的，是在对近代以来 170 多年中华民族发展历程的深刻总结中走出来的，是在对中华民族 5000 多年悠久文明的传承中走出来的，具有深厚的历史渊源和广泛的现实基础。中华民族是具有非凡创造力的民族，我们创造了伟大的中华文明，我们也能够继续拓展和走好适合中国国情的发展道路。

——2013 年 3 月 17 日，在十二届全国人大一次会议闭幕会上的讲话

中国将坚定不移走和平发展道路，致力于促进开放的发展、合作的发展、共赢的发展，同时呼吁各国共同走和平发展道路。中国始终奉行防御性的国防政策，不搞军备竞赛，不对任何国家构成军事威胁。中国发展壮大，带给世界的是更多机遇而不是什么威胁。我们要实现的中国梦，不仅造福中国人民，而且造福各国人民。

——2013 年 3 月 23 日，在莫斯科国际关系学院的演讲

历史的经验值得注意，历史的教训更应引以为戒。要积极借鉴我国历史上反腐倡廉的宝贵遗产，研究我国反腐倡廉历史，了解我国古代廉政文化，考察我国历史上反腐倡廉的成败得失，可以给人以深刻启迪，有利于我们运用历史智慧推进反腐倡廉建设。

——2013 年 4 月 19 日，在主持中央政治局第五次集体学习时的讲话

要讲清楚每个国家和民族的历史传统、文化积淀、基本国情不同，其发展道路必然有着自己的特色；讲清楚中华文化积淀着中华民族最深沉的精神追求，是中华民族生生不息、发展壮大的丰厚滋养；讲清楚中华优秀传统文化是中华民族的突出优势，是我们最深厚的文化软实力；讲清楚中国特色社会主义植根于中华文化沃土、反映中国人民意愿、适应中国和时代发展进步要求，有着深厚历史渊源和广泛现实基础。

——2013 年 8 月 19 日，在全国宣传思想工作会议上的讲话

创新是一个民族进步的灵魂，是一个国家兴旺发达的不竭动力，也是中华民族最深沉的民族禀赋。在激烈的国际竞争中，惟创新者进，惟创新者强，惟创新者胜。在中国的大地上，要想有建树、有成就，关键是要脚踏着祖国大地，胸怀着人民期盼，找准专业优势和社会发展的结合点，找准先进知识和我国实际的结合点，真正使创新创造落地生根、开花结果。

——2013 年 10 月 21 日，在欧美同学会成立 100 周年庆祝大会上的讲话

办好中国的事情，要用符合中国国情的方法。对本土化的东西要很好地总结。有的外国元首看长城，觉得中国人是爱和平的，不进攻侵略，而是防守自己的家园。我认为长城还象征凝聚力，外来的东西，进来后也变成内生的东西，中华民族是融合的，一定要把外来的本土化。佛教也是外来的，变成我们本土的了。

——2013 年 11 月 26 日，在曲阜孔子研究院座谈会上的讲话

坚持独立自主，就要坚持中国的事情必须由中国人民自己作主张、自己来处理。世界上没有放之四海而皆准的具体发展模式，也没有一成不变的发展道路。历史条件的多样性，决定了各国选择发展道路的多样性。人类历史上，没有一个民族、没有一个国家可以通过依赖外部力量、跟在他人后面亦步亦趋实现强大和振兴。那样做的结果，不是必然遭遇失败，就是必然成为他人的附庸。

——2013 年 12 月 26 日，在纪念毛泽东同志诞辰 120 周年座谈会上的讲话

一个国家选择什么样的治理体系，是由这个国家的历史传承、文化传统、经济社会发展水平决定的，是由这个国家的人民决定的。我国今天的国家治理体系，是在我国历史传承、文化传统、经济社会发展的基础上长期发展、渐进改进、内生性演化的结果。我国国家治理体系需要改进和完善，但怎么改、怎么完善，我们要有主张、有定力。中华民族是一个兼容并蓄、海纳百川的民族，在漫长历史进程中，不断学习他人的好东西，把他人的好东西化成我们自己的东西，这才形成我们的民族特色。

——2014 年 2 月 17 日，在省部级主要领导干部专题研讨班开班式上的讲话

培育和弘扬社会主义核心价值观必须立足中华优秀传统文化。牢固的核心价值观，都有其固有的根本。抛弃传统、丢掉根本，就等于割断了自己的精神命脉。博大精深的中华优秀传统文化是

我们在世界文化激荡中站稳脚跟的根基。中华文化源远流长，积淀着中华民族最深层的精神追求，代表着中华民族独特的精神标识，为中华民族生生不息、发展壮大提供了丰厚滋养。中华传统美德是中华文化精髓，蕴含着丰富的思想道德资源。不忘本来才能开辟未来，善于继承才能更好创新。对历史文化特别是先人传承下来的价值理念和道德规范，要坚持古为今用、推陈出新，有鉴别地加以对待，有扬弃地予以继承，努力用中华民族创造的一切精神财富来以文化人、以文育人。

——2014 年 2 月 26 日，在主持中央政治局第十三次集体学习时的讲话

每一种文明都延续着一个国家和民族的精神血脉，既需要薪火相传、代代守护，更需要与时俱进、勇于创新。中国人民在实现中国梦的进程中，将按照时代的新进步，推动中华文明创造性转化和创新性发展，激活其生命力，把跨越时空、超越国度、富有永恒魅力、具有当代价值的文化精神弘扬起来，让收藏在博物馆里的文物、陈列在广阔大地上的遗产、书写在古籍里的文字都活起来，让中华文明同世界各国人民创造的丰富多彩的文明一道，为人类提供正确的精神指引和强大的精神动力。

——2014 年 3 月 27 日，在联合国教科文组织总部的演讲

中国民主革命的先行者孙中山先生说："世界潮流，浩浩荡荡，顺之则昌，逆之则亡。"历史告诉我们，一个国家要发展繁荣，必须把握和顺应世界发展大势，反之必然会被历史抛弃。什

么是当今世界的潮流？答案只有一个，那就是和平、发展、合作、共赢。中国不认同"国强必霸"的陈旧逻辑。当今世界，殖民主义、霸权主义的老路还能走得通吗？答案是否定的。不仅走不通，而且一定会碰得头破血流。只有和平发展道路可以走得通。所以，中国将坚定不移走和平发展道路。

——2014 年 3 月 28 日，在德国科尔伯基金会的演讲

历史是现实的根源，任何一个国家的今天都来自昨天。只有了解一个国家从哪里来，才能弄懂这个国家今天怎么会是这样而不是那样，也才能搞清楚这个国家未来会往哪里去和不会往哪里去。

——2014 年 4 月 1 日，在比利时欧洲学院的演讲

中国的先人早就知道"国虽大，好战必亡"。自古以来，中华民族就积极开展对外交往通商，而不是对外侵略扩张；执着于保家卫国的爱国主义，而不是开疆拓土的殖民主义。

——2014 年 5 月 15 日，在中国人民对外友好协会成立 60 周年纪念活动上的讲话

任何一个民族、任何一个国家都需要学习别的民族、别的国家的优秀文明成果。中国要永远做一个学习大国，不论发展到什么水平都虚心向世界各国人民学习，以更加开放包容的姿态，加强同世界各国的互容、互鉴、互通，不断把对外开放提高到新的水平。

——2014 年 5 月 22 日，在上海外国专家座谈会上的讲话

四、传播中国声音，贡献中华民族文化智慧

中国需要更多地了解世界，世界也需要更多地了解中国。

——2012 年 11 月 15 日，在新一届中央政治局常委中外记者见面会上的讲话

学史可以看成败、鉴得失、知兴替；学诗可以情飞扬、志高昂、人灵秀；学伦理可以知廉耻、懂荣辱、辨是非。我们不仅要了解中国的历史文化，还要睁眼看世界，了解世界上不同民族的历史文化，去其糟粕，取其精华，从中获得启发，为我所用。

——2013 年 3 月 1 日，在中央党校建校 80 周年庆祝大会暨开学典礼上的讲话

中国人自古就主张和而不同。我们希望，国与国之间、不同文明之间能够平等交流、相互借鉴、共同进步，各国人民都能够共享世界经济科技发展的成果，各国人民的意愿都能够得到尊重，各国能够齐心协力推动建设持久和平、共同繁荣的和谐世界。

——2013 年 3 月 19 日，在接受金砖国家媒体联合采访时的讲话

中国人民对战争和动荡带来的苦难有着刻骨铭心的记忆，对和平有着孜孜不倦的追求。中国将通过争取和平国际环境发展自己，又以自身发展维护和促进世界和平。中国将继续妥善处理同有关国家的分歧和摩擦，在坚定捍卫国家主权、安全、领土完整

的基础上，努力维护同周边国家关系和地区和平稳定大局。中国将在国际和地区热点问题上继续发挥建设性作用，坚持劝和促谈，为通过对话谈判妥善处理有关问题做出不懈努力。

——2013 年 4 月 7 日，在博鳌亚洲论坛 2013 年年会上的主旨演讲

中华民族创造了源远流长的中华文化，中华民族也一定能够创造出中华文化新的辉煌。独特的文化传统，独特的历史命运，独特的基本国情，注定了我们必然要走适合自己特点的发展道路。对我国传统文化，对国外的东西，要坚持古为今用、洋为中用，去粗取精、去伪存真，经过科学的扬弃后使之为我所用。要精心做好对外宣传工作，创新对外宣传方式，着力打造融通中外的新概念、新范畴、新表述，讲好中国故事，传播好中国声音。

——2013 年 8 月 19 日，在全国宣传思想工作会议上的讲话

2100 多年前，中国汉代的张骞两次出使中亚，开启了中国同中亚各国友好交往的大门，开辟出一条横贯东西、连接欧亚的丝绸之路。千百年来，在这条古老的丝绸之路上，各国人民共同谱写出千古传诵的友好篇章。两千多年的交往历史证明，只要坚持团结互信、平等互利、包容互鉴、合作共赢，不同种族、不同信仰、不同文化背景的国家完全可以共享和平，共同发展。

——2013 年 9 月 7 日，在哈萨克斯坦纳扎尔巴耶夫大学的演讲

中国的发展离不开世界，世界的繁荣也需要中国。我们要以

更加开放的姿态，加强同世界的联系和互动，加深同各国人民的了解和友谊。要多用外国民众听得到、听得懂、听得进的途径和方式，讲述好中国故事，传播好中国声音，让世界对中国多一分理解、多一分支持。

——2013 年 10 月 21 日，在欧美同学会成立 100 周年庆祝大会上的讲话

要讲好中国的故事，像孔夫子一样，因材施教，对不同的对象，要有不同的、能产生共鸣的表达方式。这几年，世界"孔子热"经久不衰，我出访参加了很多孔子学院的签字仪式、开学仪式。如天主教探讨儒家文化，外国元首、总统、首相、总理和我交谈，言必称孔子，以多说孔子的话为荣。这方面国际需求很大，供不应求。目前，师资跟不上，外语和中文水平都高的人才少，需求量大，东西方国家都有很大需求。要因势利导，深入研究，在东亚文化圈中居于主动。

——2013 年 11 月 26 日，在曲阜孔子研究院座谈会上的讲话

我们要虚心学习借鉴人类社会创造的一切文明成果，但我们不能数典忘祖，不能照抄照搬别国的发展模式，也绝不会接受任何外国颐指气使的说教。

——2013 年 12 月 26 日，在纪念毛泽东同志诞辰 120 周年座谈会上的讲话

提高国家文化软实力，要努力提高国际话语权。要加强国际传播能力建设，精心构建对外话语体系，发挥好新兴媒体作用，

增强对外话语的创造力、感召力、公信力，讲好中国故事，传播好中国声音，阐释好中国特色。对中国人民和中华民族的优秀文化和光荣历史，要加大正面宣传力度，通过学校教育、理论研究、历史研究、影视作品、文学作品等多种方式，加强爱国主义、集体主义、社会主义教育，引导我国人民树立和坚持正确的历史观、民族观、国家观、文化观，增强做中国人的骨气和底气。

——2013年12月30日，在主持中央政治局第十二次集体学习时的讲话

人文交流是促进和平发展的积极要素，也是经济发展的重要推动力。中欧作为东西方两大文明的代表，为人类进步作出了不可磨灭的贡献。中欧人口总量和经济总量分别占世界四分之一和三分之一，扩大人文交往，对增进相互了解、促进社会繁荣至关重要。让国家变得更加富强，让社会变得更加公平正义，让人民生活变得更加美好，这是中国人民孜孜不倦追求的理想，也是欧洲人民共同愿望。我们愿意同欧洲各国一道，深化互利共赢合作，共享机遇，共创繁荣。

——2014年3月23日，在荷兰《新鹿特丹商业报》发表的署名文章

中国人早就懂得了"和而不同"的道理。生活在2500年前的中国史学家左丘明在《左传》中记录了齐国上大夫晏子关于"和"的一段话："和如羹焉，水、火、醯、醢、盐、梅，以烹鱼肉。""声亦如味，一气，二体，三类，四物，五声，六律，七

音，八风，九歌，以相成也。""若以水济水，谁能食之？若琴瑟之专壹，谁能听之？"

——2014 年 3 月 27 日，在联合国教科文组织总部的演讲

中国先哲老子讲："大邦者下流。"就是说，大国要像居于江河下游那样，拥有容纳天下百川的胸怀。中国愿意以开放包容心态加强同外界对话和沟通，虚心倾听世界的声音。我们期待时间能够消除各种偏见和误解，也期待外界能够更多以客观、历史、多维的眼光观察中国，真正认识一个全面、真实、立体的中国。

——2014 年 3 月 28 日，在德国科尔伯基金会的演讲

中国是东方文明的重要代表，欧洲则是西方文明的发祥地。正如中国人喜欢茶而比利时人喜爱啤酒一样，茶的含蓄内敛和酒的热烈奔放代表了品味生命、解读世界的两种不同方式。但是，茶和酒并不是不可兼容的，既可以酒逢知己千杯少，也可以品茶品味品人生。中国主张"和而不同"，而欧盟强调"多元一体"。中欧要共同努力，促进人类各种文明之花竞相绽放。

——2014 年 4 月 1 日，在比利时欧洲学院的演讲

我们生而为中国人，最根本的是我们有中国人的独特精神世界，有百姓日用而不觉的价值观。我们提倡的社会主义核心价值观，就充分体现了对中华优秀传统文化的传承和升华。

——2014 年 5 月 4 日，在北京大学师生座谈会上的讲话

中华民族历来是爱好和平的民族。中华文化崇尚和谐，中国"和"文化源远流长，蕴涵着天人合一的宇宙观、协和万邦的国

际观、和而不同的社会观、人心和善的道德观。在 5000 多年的文明发展中，中华民族一直追求和传承着和平、和睦、和谐的坚定理念。以和为贵，与人为善，己所不欲、勿施于人等理念在中国代代相传，深深植根于中国人的精神中，深深体现在中国人的行为上。

——2014 年 5 月 15 日，在中国人民对外友好协会成立 60 周年纪念活动上的讲话

"亲望亲好，邻望邻好。"中国坚持与邻为善、以邻为伴，坚持睦邻、安邻、富邻，践行亲、诚、惠、容理念，努力使自身发展更好惠及亚洲国家。中方倡议通过召开亚洲文明对话大会等方式，推动不同文明、不同宗教交流互鉴、取长补短、共同进步。

——2014 年 5 月 21 日，在亚洲相互协作与信任措施会议第四次峰会上的讲话

面对世界经济缓慢复苏的复杂形势，面对消除贫困、保护环境、应对传统安全和非传统安全等各领域的世界性难题，世界各国必须携手寻求解决之道。不同民族、不同国家、不同地域之间的文化交流，好比不同色彩的搭配，在纵横交错、明暗强弱的各式组合之中，新的画面和景色就会出现。

——2014 年 5 月 22 日，在上海外国专家座谈会上的讲话

专题二　中华民族伟大复兴的行动指南

——学习把握习近平新时代中国特色社会主义思想核心要义

张立兴　曲阜师范大学马克思主义学院教授

【教学导引】

授课对象：各年级各专业学生

学时安排：2 学时

板书设计：多媒体课件与教师黑板辅助性板书结合

教学方法：教师体系讲授、视频、案例分析、课堂讨论结合

教学目的：引导和帮助大学生学习把握习近平新时代中国特色社会主义思想的丰富内涵和核心要义，自觉用习近平新时代中国特色社会主义思想武装头脑，坚定"四个自信"。

教学要点：习近平新时代中国特色社会主义思想的核心要义；学思践悟"新思想"，担民族复兴大任。

同学们：

习近平新时代中国特色社会主义思想，是马克思主义中国化

最新成果，是当代中国的马克思主义、21 世纪的马克思主义，是党和国家必须长期坚持的指导思想。习近平新时代中国特色社会主义思想可谓博大精深，内涵丰富。作为"追梦人"的当代大学生，该如何学习领会、怎样理解把握这一思想的核心要义？本次课就将结合我自己的学习、理解和领悟，与同学们作一番交流。

党和国家指导思想的与时俱进

2017 年 10 月，党的十九大首次提出了"习近平新时代中国特色社会主义思想"的政治命题，并写入新党章，成为全党的指导思想。2018 年 3 月 11 日，十三届全国人大一次会议通过宪法修正案，将"习近平新时代中国特色社会主义思想"载入了宪法，从而实现了党和国家指导思想的与时俱进。

"中国故事第一讲解人"

党的十九大闭幕后五周，2012 年 12 月 1 日，世界上 120 多个国家、300 多个政党和政党组织的领导人齐聚北京，实地考察、学习以习近平同志为核心的中国共产党人治国理政的理念、实践与经验。习近平总书记在论坛上发表了题为《携手建设更加美好的世界》的主旨演讲，被誉为"中国故事第一讲解人"。世界上这么多政党党魁齐聚北京，要学习中国共产党的经验，这在过去是不可思议的，而如今成为现实，让人感慨万端。

2014 年 10 月，《习近平谈治国理政》一书出版，很快就成为"有国际感召力的学说"，时至今日，该书出版 21 个语种，发行 160 多个国家和地区，累计发行 2000 万册，为世界读懂中国、读懂中国特色社会主义打开了一扇"思想之窗"。

2019 年 3 月 20 日，在习近平总书记访问意大利前夕，罗马举行《习近平谈治国理政》中意读者会，200 名中外嘉宾共同探究中国发展的密码。同年 10 月 29 日，《习近平谈治国理政》葡文巴西版在圣保罗首发，200 多人士参加，该书被誉为"中国道路的阐释、中国奇迹的解码、解决人类面临共同问题的智慧"。

《华尔街日报》网站报道：习近平新时代中国特色社会主义思想似乎涵盖了中国继续发展面临的所有决策和涉及的所有挑战。

我做了这么多的铺垫，有同学可能会问：习近平新时代中国特色社会主义思想为何具有这么大的影响力？这一思想的核心要义究竟是什么？

一、习近平新时代中国特色社会主义思想核心要义

为便于理解记忆，我把习近平新时代中国特色社会主义思想的核心要义概括为八个方面，希望大家能记住记牢。

1. 高扬"一面旗帜"

邓小平：建设有中国特色的社会主义

1982 年 9 月 1 日，邓小平在党的十二大开幕词中提出："把马克思主义的普遍真理同我国的具体实际结合起来，走自己的路，建设有中国特色的社会主义，这就是我们总结长期历史经验得出

的基本结论。"① 从此以后，"中国特色社会主义"就成为中国共产党历届党的代表大会的主题词和核心概念。

胡锦涛：两次党代会上的强调

在党的十七大报告里，胡锦涛严正指出："全党必须坚定不移地高举中国特色社会主义伟大旗帜，不为任何风险所惧，不被任何干扰所惑。"

五年后，在党的十八大报告里，胡锦涛又一次强调："我们坚定不移高举中国特色社会主义伟大旗帜，既不走封闭僵化的老路，也不走改旗易帜的邪路。"

习近平：始终坚持和发展中国特色社会主义

在党的十九大报告里，习近平总书记依然强调："全党要更加自觉地增强道路自信、理论自信、制度自信、文化自信。既不走封闭僵化的老路，也不走改旗易帜的邪路，始终坚持和发展中国特色社会主义。"

2019 年 10 月 1 日，在庆祝中华人民共和国成立 70 周年大会讲话中，习近平总书记指出："前进征程上，我们要坚持中国共产党领导，坚持人民主体地位，坚持中国特色社会主义道路，不断创造新的历史伟业。"

十九届四中全会：《决定》开宗明义

2019 年 10 月，党的十九届四中全会通过的《中共中央关于坚持和完善中国特色社会主义制度、推进国家治理体系和治理能

---

① 《邓小平文选》第三卷，北京，人民出版社，2009 年，第 3 页。

力现代化若干重大问题的决定》开宗明义：中国特色社会主义制度是党和人民在长期实践探索中形成的科学制度体系，我国国家治理一切工作和活动都依照中国特色社会主义制度展开。

我们不禁要问：为什么？

为什么如此郑重？

为什么如此鲜明？

为什么如此掷地有声？

道路之争：全盘西化沉溺，欲走老路者层出

我想告诉大家，这里有一个"道路之争"的问题。时至今日，改革开放四十多年了，中国取得的辉煌成就体现了中国共产党的领导、中国特色社会主义的优势，因此崇洋媚外"全盘西化"的思潮已销声匿迹。

但是，国人中依然有人坚持要走十一届三中全会以前的老路。为什么？因为有些"过来人"，过分地、放大式地看中我们在改革开放过程中短期内、集中出现的问题，产生了"今不如昔"之感，老念想着走十一届三中全会以前的老路。

十一届三中全会召开那一年，我考上大学。1998 年，为纪念十一届三中全会召开二十周年，校报组织了一次大型征文活动，当时校报的编辑是我的学生，他与我联系，说正好也是我上大学二十年，希望我也为校报写文。当时我答应了，但一直没写。那时，我刚买了台电脑，刚会单指拼音打字，有一天晚上我就开始敲键盘，听到窗外环卫工打扫树叶的声音时，我才敲完了最后一个字，斟酌半天起个题目：那年，我十八岁。征文里我写了上大学时的点点滴滴，亲情、友情、师生情，字里行间洋溢着自豪与感恩，当然也能看出那时生活的艰难。实际上全国都一样，都比较困难，主要是经济上的困难。所以，我相信，绝大多数人不愿意再回到那样艰苦的生活。

七十年代的老北京（放映图片）

大家看看，幻灯片上的这几幅"七十年代老北京"照片。其中一幅我印象最深，就是人们排着长队买大白菜，当时就是这样的景象，城里人每到冬天，必须排队买两样东西，一样就是大白菜，一样就是蜂窝煤，这是过冬必备的。再看看那时的天安门，能有今天的壮丽吗？

邓小平：贫穷不是社会主义

改革开放之初，邓小平同志就反复强调："搞社会主义……首先必须摆脱贫穷。现在虽说我们也在搞社会主义，但事实上不够格。只有到了下世纪中叶，达到了中等发达国家的水平，才能说真的搞了社会主义，才能理直气壮地说社会主义优于资本主义。"①

习近平：高举旗帜，团结一致，锐意进取

2018 年 12 月 18 日，习近平总书记在庆祝改革开放 40 周年大会讲话中指出："40 年春风化雨、春华秋实，改革开放极大改变了中国的面貌、中华民族的面貌、中国人民的面貌、中国共产党

———————
① 《邓小平文选》第三卷，北京：人民出版社，2009 年，第 63 页。

的面貌。中华民族迎来了从站起来、富起来到强起来的伟大飞跃！"

2019年10月1日，习近平总书记在庆祝中华人民共和国成立七十周年大会上讲话，铿锵有力地宣告：今天，社会主义中国巍然屹立在世界东方，没有任何力量能够撼动我们伟大祖国的地位，没有任何力量能够阻挡中国人民和中华民族的前进步伐。

中国特色社会主义，是一面鲜艳的旗帜——一面引领当代中国发展进步的旗帜、一面凝聚全党全国人民团结奋斗的旗帜、一面指引中华民族不断走向胜利的旗帜。因此，我们必须始终高举这面旗帜。

2. 实现"两个百年目标"

习近平：率十八届中央政治局常委参观"复兴之路"

2012年11月29日，习近平总书记率领新当选的十八届中央政治局常委赴国家博物馆参观"复兴之路"展览，他在讲话中提出：到中国共产党成立100年时全面建成小康社会，到新中国成立100年时建成富强民主文明和谐的社会主义现代化国家。由此，为全党全国人民树立起了两个"百年目标"。

新时代：两步走的战略安排

在十九大报告里，习近平总书记对新时代两个阶段又做出了新的战略安排："从2020年到2035年，再奋斗15年，基本实现社会主义现代化。"同学们注意，当年邓小平他老人家提出的是到"21世纪中叶基本实现现代化"，习总书记将这一目标整整提前了十五年。

"从 2035 年到本世纪中叶，再奋斗 15 年，把我国建成富强民主文明和谐美丽的社会主义现代化强国。" 这里特别需要强调的是，"富强民主文明和谐美丽"，增加了"美丽"，同时"社会主义现代化国家"改成了"社会主义现代化强国"。这样一改，使命更加艰巨，更需要中国共产党人的担当。

2019 年 10 月 1 日，习近平总书记在庆祝中华人民共和国成立七十周年大会讲话指出：全党全军全国各族人民要更加紧密地团结起来，不忘初心，牢记使命，继续把我们的人民共和国巩固好、发展好，继续为实现"两个一百年"奋斗目标、实现中华民族伟大复兴的中国梦而努力奋斗！

习近平：空谈误国，实干兴邦

习近平总书记强调指出："实现中华民族伟大复兴是一项光荣而艰巨的事业，需要一代又一代中国人共同为之努力。空谈误国，实干兴邦。"① 当代大学生应当为肩负起民族复兴之大任而努力学习。

3. 坚持"三大价值"引领

十八大：社会主义核心价值观的提出

党的十八大提出，倡导富强、民主、文明、和谐，倡导自由、平等、公正、法治，倡导爱国、敬业、诚信、友善，积极培育和

---

① 习近平：《承前启后 继往开来 继续朝着中华民族伟大复兴目标奋勇前进》，《人民日报》，2012 年 11 月 30 日。

践行社会主义核心价值观。

富强、民主、文明、和谐是国家层面的价值目标,自由、平等、公正、法治是社会层面的价值取向,爱国、敬业、诚信、友善是公民个人层面的价值准则,这 24 个字是社会主义核心价值观的基本内容。

社会主义核心价值观与核心价值体系

社会主义核心价值观是社会主义核心价值体系的内核,体现社会主义核心价值体系的根本性质和基本特征,反映社会主义核心价值体系的丰富内涵和实践要求,是社会主义核心价值体系的高度凝练和集中表达。

党的十八大以来,中央高度重视培育和践行社会主义核心价值观。习近平总书记多次作出重要论述、提出明确要求。中央政治局围绕培育和弘扬社会主义核心价值观、弘扬中华传统美德进行集体学习。2013 年 12 月 23 日,中办下发《关于培育和践行社会主义核心价值观的意见》。党中央的高度重视和有力部署,为加强社会主义核心价值观教育实践指明了努力方向,提供了重要遵循。

培养弘扬核心价值观的作用

习近平总书记强调,要用社会主义核心价值观引领中国梦的实现。他在主持政治局第十三次集体学习时的讲话指出:"培育和弘扬核心价值观,有效整合社会意识,是社会系统得以正常运转、社会秩序得以有效维护的重要途径,也是国家治理体系和治理能力的重要方面。"

2017 年 10 月 18 日，习近平同志在十九大报告中指出，要培育和践行社会主义核心价值观。要以培养担当民族复兴大任的时代新人为着眼点，强化教育引导、实践养成、制度保障，发挥社会主义核心价值观对国民教育、精神文明创建、精神文化产品创作、生产传播的引领作用，把社会主义核心价值观融入社会发展各方面，转化为人们的情感认同和行为习惯。

习近平：立足中华优秀传统文化

在社会主义核心价值观的培育上，习近平总书记特别重视中华优秀传统文化的作用和价值。2013 年 11 月 26 日，习总书记考察孔子研究院时指出：我之所以来曲阜，来孔子研究院，就是要传递一个信息——我们要大力弘扬中华优秀传统文化。习近平总书记反复强调："培育和弘扬社会主义核心价值观，必须立足中华优秀传统文化……抛弃传统、丢掉根本，就等于割断了自己的精神命脉。"

4. 统揽"四个伟大"

十九大报告首次提出：伟大斗争、伟大工程、伟大事业、伟大梦想

在十九大报告中，习近平总书记首次提出了"四个伟大"，即伟大斗争、伟大工程、伟大事业、伟大梦想。在这里，习总书记把"伟大斗争"放在首位，强调实现伟大梦想必须进行伟大斗争。为什么？因为要应对重大挑战、抵御重大风险、克服重大阻

力、解决重大矛盾，就必须进行具有许多新的历史特点的伟大斗争。

伟大斗争的目标指向

习总书记强调的"伟大斗争"，不是过去意义上的"阶级斗争"，它有着鲜明的、特殊的目标指向：

（1）坚决反对一切削弱、歪曲、否定党的领导和我国社会主义制度的言行

在伟大斗争中，将这一点置于首位，有着深刻的历史背景和现实原因。近些年，各种错误思潮激荡，历史虚无主义、文化虚无主义猖獗，其影响十分恶劣。对此，我们必须汲取苏共放弃意识形态领域领导权最终垮台的惨痛教训，对一切削弱、歪曲、否定党的领导和我国社会主义制度的言行敢于亮剑，敢于斗争。

（2）坚决反对一切损害人民利益、脱离群众的行为

习总书记是"人民至上"的人民领袖，对损害人民利益的行为最痛恨。中央发起的为期三年的全国范围的"扫黑除恶"专项斗争，就是为了人民群众的安全感和公平感。公安部新闻发布会指出：2018 年，全国公安机关共打掉涉黑组织 1292 个，恶势力犯罪集团 5593 个，全国刑事案件同比下降 7.7%，八类严重暴力案件同比下降 13.8%。山东省公安厅新闻发布会指出：2019 年 1—7 月，打掉涉黑组织 40 个，恶势力犯罪集团 120 个，涉恶犯罪团伙 1024 个，破获各类案件 5598 件，刑事拘留犯罪嫌疑人 8285 个，查处涉案资产 23.4 亿，维护了社会平安和人民利益。

（3）坚决反对一切分裂祖国、破坏民族团结和社会和谐稳定的行为

2019 年 11 月 27 日，美国总统特朗普不顾中方坚决反对，悍然签署所谓"香港人权与民主法案"，严重干预香港事务，严重干涉中国内政，严重违反国际法和国际关系基本准则，是赤裸裸的霸权行径。2019 年 12 月 3 日，美国国会众议院又通过"2019 年维吾尔人权政策法案"，企图通过所谓"人权法案"为"三股势力"撑腰打气，充分暴露了美国一些政客和反华势力妄图借所谓"新疆问题"遏制、分裂我国的险恶用心。他们的图谋绝不会得逞。2019 年 10 月 13 日，习总书记在与尼泊尔总理奥利会谈时指出："任何人企图在中国任何地区搞分裂，结果只能是粉身碎骨；任何支持分裂中国的外部势力只能被中国人民视为痴心妄想！"

（4）坚决战胜一切在政治、经济、文化、社会等领域和自然界出现的困难和挑战

习总书记有着强烈的忧患意识和敢于斗争、敢于胜利的自信。面对中美贸易战，中国沉着应对，有理有力、有方有节、有效地开展斗争，彰显了习近平总书记作为马克思主义政治家高超的政治智慧和斗争艺术。

习近平：提高斗争艺术

2019 年 9 月 3 日，习总书记在 2019 年秋季中共中央党校中青年干部培训班开班式的讲话中指出，要提高领导干部的斗争素养：

"要有草摇叶响知鹿过、松风一起知虎来、一叶易色而知天下秋的见微知著能力，对潜在的风险有科学预判，知道风险在哪里，表现形式是什么，发展趋势会怎样，该斗争的就要斗争。"早在党的十九大报告中，习总书记就反复强调："全党要充分认识这场伟大斗争的长期性、复杂性、艰巨性，发扬斗争精神，提高斗争本领，不断夺取伟大斗争新胜利。"

5. 贯彻"五大发展理念"

十八届五中全会

2015 年 10 月 29 日，习近平总书记在十八届五中全会上提出要坚持新的发展理念，他提出了"创新、协调、绿色、开放、共享"五大发展理念。时间关系，我在这里关注一下绿色发展。

狄尔泰的名言

20 世纪 20 年代，德国一位哲学家狄尔泰曾有一句名言："我们这一代人，脸上挂满了微笑，而眼角却是忧伤的。"

一百年过去了，在中国现代化的进程中，今天的我们依然会感到"脸上挂满微笑，而眼角却是忧伤的"。为什么？大家想想，我们几乎家家有汽车了，汽车为我们出行带来了便利，但我们走到哪里都为路上堵车、目的地车位难觅而烦恼；手机为同学们的学习、沟通、娱乐、消费等带来极大便利，但自控能力弱的同学沉溺游戏难以自拔也为家长和老师带来忧虑。最典型的是，经济发展了，但水污染、空气污染、土地沙化、食品安全等问题日益凸显。网上不断曝出各地出现的一批"癌症村"，令人反思。

生态文明建设：中华民族永续发展的千年大计

习近平总书记提出要"绿色发展"，是人民利益至上的必然要求。在这方面习总书记反复强调：建设生态文明是中华民族永续发展的千年大计……。像对待生命一样对待生态环境、要增强"绿水青山就是金山银山"的意识、要实行最严格的生态环境保护制度。

2018 年 5 月 21 日，习总书记在全国生态环境保护大会上讲话指出："对那些损害生态环境的领导干部，要真追责、敢追责、严追责，做到终身追责。"

习近平：六次批示严查秦岭北麓违建别墅案

在习近平总书记的多次批示下，陕西秦岭北麓破坏生态环境违建别墅案最终被严肃查办：最终拆除违建别墅1185 栋，依法没收9 栋。陕西省委原书记赵正永、省委秘书长钱引安，西安市委原书记魏民洲、原市长上官吉庆、政协原主席程群力，秦岭办首任主任和红星市国土局原局长田党生、市环保局原局长罗亚民、市政府原秘书长焦维发、户县原县长张永潮等统统被查处，1000 多人被问询。

6. 推进党的"六大建设"

"办好中国的事情，关键在党。"这是中国革命、建设和改革事业得出的一条基本结论。习总书记特别重视党的建设，提出要大力推进党的政治建设、思想建设、组织建设、作风建设、纪律建设、制度建设。

党的政治建设是党的根本性建设

2018年6月29日，在十九届中央政治局第六次集体学习会上，总书记指出：党的政治建设是党的根本性建设，要把准政治方向，坚持党的政治领导，夯实政治根基，涵养政治生态，防范政治风险，永葆政治本色，提高政治能力，为我们党不断发展壮大、从胜利走向胜利提供重要保证。

制度建设具有关键性地位

习总书记特别重视制度建设，2014年5月9日，他在参加兰考县委常委班子专题民主生活会讲话中强调："制度建设具有关键性地位，要推进党内制度建设，补齐党内制度短板，形成更加成熟更加定型的制度体系。"在这一思想的指引下，新时代以来，中央共出台或修订党内法规超50部，如《中国共产党廉洁自律准则》《中国共产党纪律处分条例》《中国共产党党内监督条例》《中国共产党问责条例》《关于新形势下党内政治生活的若干准则》《中国共产党纪律检查机关监督执纪工作规则（试行)》等，其根本目的就在于将权力真正关进制度的笼子。

7. 实施"七大发展战略"

党的十九大做出我国社会主要矛盾已经发生转化的重大判断，为了解决人民对美好生活需要与"不平衡不充分发展"之间的矛盾，习总书记在十九大报告中提出了"科教兴国战略、人才强国战略、创新驱动发展战略、乡村振兴战略、区域协调发展战略、可持续发展战略、军民融合发展战略"。这七大战略写入新修正的党章，成为全党工作的基本遵循。

在七大战略中，"科教兴国战略、人才强国战略、可持续发展战略"在党的十八大报告及通过的党章中就有了，十九大报告及新党章里新增加了"创新驱动发展战略、乡村振兴战略、区域协调发展战略、军民融合发展战略"。不难看出，新增加的四大战略，很明显就是针对我国社会主要矛盾转化设计提出的。

8. 强化"八个明确"

第一，明确坚持和发展中国特色社会主义总任务——实现社会主义现代化和中华民族伟大复兴。

第二，明确新时代我国社会主要矛盾——人民日益增长的美好生活需要和不平衡、不充分的发展之间的矛盾。

第三，明确中国特色社会主义事业——"五位一体"总体布局和"四个全面"战略布局。坚定道路自信、理论自信、制度自信、文化自信。

第四，明确全面深化改革总目标——完善和发展中国特色社会主义制度、推进国家治理体系和治理能力现代化。党的十九届四中全会通过的《决定》对总目标做出规划，并进行了部署，提出了任务。

第五，明确全面推进依法治国总目标——建设中国特色社会主义法治体系、建设社会主义法治国家。

第六，明确新时代强军目标——听党指挥、能打胜仗、作风优良。

第七，明确中国特色大国外交目标——推动构建新型国际关系，推动构建人类命运共同体。

第八，明确中国特色社会主义最本质的特征、制度的最大优势——中国共产党领导。习总书记在十九大报告中强调指出：党政军民学，东西南北中，党是领导一切的；没有党的领导，民族复兴必然是空想。

二、学思践悟"新思想"，担民族复兴大任

（一）强化理论学习意识

要学懂弄通做实党的创新理论，掌握马克思主义立场观点方法，夯实敢于斗争、善于斗争的思想根基，理论上清醒，政治上才能坚定，斗争起来才有底气、才有力量。

（二）强化政治意识

确保在思想上、行动上与以习近平同志为核心的党中央保持高度一致

十九届中央巡视组首次将"两个维护"作为新时代巡视工作根本政治任务。坚决维护习近平总书记核心地位；坚决维护党中央权威和集中统一领导。

子曰："不知命，无以为君子也。"《论语·尧曰》

　　一部《论语》开篇三句话都是问号，第一句：学而时习之，不亦说乎？我每每研读论语，总感慨孔夫子真是伟大的圣人，一个小小的问号，把人性中的惰性揭示得淋漓尽致。我想问大家——学而时习之，说乎哉？不悦也。在网吧、游戏厅层层包围校园，手机须臾难离的今天，潜心读书学习需要更大的毅力。以追求知识为快乐是孔夫子的人生境界，我们应当学习。《论语》从一个学字开始，那么最终要达到什么境界？学至"三知"。《论语》最后三句话：不知命，无以为君子也。不知礼，无以立也。不知言，无以知人也。第一知，"不知命，无以为君子也"。儒家中关于"命"就像道家的道——道可道非常道。人生规律、社会规律、宇宙规律都可以。南怀瑾先生在给弟子授课时有个解释，很现代，我感觉也很好——一代人有一代人上天赋予的神圣的历史使命，如果一代人不知道自己的使命，无以为君子。所以我们处在一个伟大的新时代，肩负着时代赋予的神圣的历史使命，要担当起来，做一个君子。

学习思考：

1. 习近平新时代中国特色社会主义思想的核心要义是什么？

2. 如何理解习近平新时代中国特色社会主义思想的时代意义和实践意义？

专题三　民族复兴进程中的马克思主义与中国传统文化

李安增　曲阜师范大学马克思主义学院教授

【教学导引】

授课对象：大学一年级、二年级各专业学生

学时安排：2 学时

板书设计：多媒体课件与教师黑板辅助性板书结合

教学方法：教师体系讲授、视频、案例分析、课堂讨论结合

教学目的：引导和帮助当代大学生了解马克思主义与传统文化的关系，增强理论自信和文化自信；担当起传承弘扬传统文化的使命，自觉为中华民族伟大复兴贡献力量。

教学要点：在实现民族复兴进程中马克思主义的指导思想地位不能动摇，优秀传统文化是实现民族复兴的强大动力；马克思主义和中华优秀传统文化在民族复兴中的功能定位，实现中国传统文化的现代化转型；用传统文化精华培育道德理念，助推中华民族复兴大业。

同学们：

　　实现中华民族伟大复兴的"中国梦"是当代中国共产党人的光荣使命。在这一进程中，马克思主义作为中国共产党的指导思想，在意识形态中居于主导地位；以儒学为代表的中国传统文化是中华民族独特的精神标识，是我们在世界文化激荡中站稳脚的根基。正确认知马克思主义与中国传统文化在民族复兴中的地位并结合时代要求对二者的功能给予恰当定位，是一个值得探讨的理论和实践问题。

一、民族复兴进程中马克思主义的指导思想地位不能动摇

　　2012 年 11 月 29 日，习近平总书记在参观"复兴之路"展览时深刻指出："每个人都有理想和追求，都有自己的梦想。我以为，实现中华民族伟大复兴，就是中华民族近代以来最伟大的梦想。"这是中国共产党对于中华民族美好未来的庄严承诺，也是我们要为之不懈奋斗的目标。民族复兴承载着中国人民百余年来孜孜以求的宏伟理想与庄严使命，凝结着中华民族生生不息的精神寄托与思想追求。

　　文化多元化是时代发展的特征，但文化的多元化不等于指导思想的多元化。恰好相反，正是因为指导思想占据支配地位，必然要求通过一元去引领多元，坚持多元并存、一元指导，而马克思主义就是我们必须坚持的行动指南，这是建设中国特色社会主

义、实现中华民族伟大复兴的鲜明特征。

（一）马克思主义是科学的理论

中国共产党从诞生之日起，就把马克思主义作为自己的指导思想。历史更是以无可辩驳的事实证明了马克思主义的科学性和指导中国革命、建设和改革的有效性。由此，中国共产党旗帜鲜明地一再强调：以马列主义作为我们的指导思想。

（二）马克思主义理论具有鲜明的实践性特征

这是马克思主义与先前一切理论体系的根本区别。马克思主义自产生以来就同广大人民的实践相联系。"没有哪一种哲学或理论，能在现代世界史上留下如此深重的影响有如马克思主义；它在俄国和中国占据统治地位已数十年，从根本上影响、决定和支配了十几亿人和好几代人的命运。"一种对改变包括中国在内的世界面貌起到如此巨大作用的理论，我们必须给予应有的尊重。

（三）马克思主义理论的本质特征是其人民性

早在一百六十多年前，马克思和恩格斯就在《共产党宣言》中明确指出："无产阶级的运动是绝大多数人的、为绝大多数人谋利益的独立的运动。"马克思主义理论，说到底就是尊重人民、代表人民的理论；而马克思主义政党，说到底就是维护和实现人民根本利益的政党。中国共产党始终以人民的福祉作为自己的奋斗追求，把全心全意为人民服务作为党的宗旨，努力实现尊重人、爱护人、发展人的目标，真正将马克思主义与全体人民的事业紧密相连。

（四）坚持马克思主义是实现民族复兴的现实需要

一个 9000 多万党员的大党，一个 14 亿人口的大国，必须有一个共同的理想信念和精神支柱，这就是马克思主义。这是我们维护党的团结和国家统一的思想基础，是我们进行社会主义现代化建设、实现人民富裕幸福的基本条件。假如抛弃了马克思主义，我们的国家就会缺乏统一的价值导向，社会运转就会陷入混乱或停滞，社会主义事业就会遭遇重大挫折，人民利益就要受到严重损害。苏联解体的原因有很多，但放弃了马列主义的指导地位，搞了意识形态的多元化，从而导致思想混乱，是其中的重要原因之一。苏联解体的惨痛教训需要谨记。

我们强调以马克思主义为指导，并不是说要简单照搬它的现成结论，也不是用它裁剪丰富多彩的现实生活，而是强调要善于运用它的立场、观点、方法去分析问题、研究问题、解决问题。马克思主义的整个世界观不是教义，而是方法。它提供的不是现成的教条，而是进一步研究的出发点和供这种研究使用的方法。列宁曾指出："只有不可救药的书呆子，才会单单引证马克思关于另一历史时代的某一论述来解决当前发生的独特而复杂的问题。"这就要求我们不把马克思的理论看作某种一成不变的和神圣不可侵犯的东西，而是要在实践中不断发展，赋予其新的时代内涵。民族复兴的道路充满艰难险阻，我们只有坚持科学的态度，掌握马克思主义的观点、方法，并用之灵活处理前进途中遇到的问题，才能顺利到达彼岸。

在当代中国，坚持马克思主义最重要的就是要不断推进马克思主义的中国化进程，坚持中国化的马克思主义理论，特别是中国特色社会主义理论，始终坚定中国特色社会主义信念和共产主义理想，把党的奋斗目标、国家的发展、民族的振兴与个人的幸福紧密联系在一起，集中体现人民的根本利益与共同愿望。

二、优秀传统文化是实现中华民族伟大复兴的强大动力

中华文明源远流长，孕育了中华民族的宝贵精神品格，培育了中国人民的崇高价值追求。以儒家思想为代表的传统文化虽然不能成为中国共产党和国家的指导思想，但其在实现民族复兴中仍有自己独特的作用。

习近平总书记在中央党校八十年校庆时的讲话指出："中国传统文化博大精深，学习和掌握其中的各种思想精华，对树立正确的世界观、人生观、价值观很有益处。学史可以看成败、鉴得失、知兴替；学诗可以情飞扬、志高昂、人灵秀；学伦理可以知廉耻、懂荣辱、辨是非。"自强不息、厚德载物的传统思想支撑着中华民族生生不息、薪火相传，今天依然是我们推进改革开放和社会主义现代化建设的强大精神力量。

（一）有助于培育正确的世界观、人生观、价值观

每个人的家庭出身、人生阅历、知识水平、社会地位都不同，因而就会产生不同的世界观。传统文化中有大量的唯物论、辩证法观点，如《易经》中说"一阴一阳之谓道"，"刚柔相推而生变化"，这就坚持了矛盾对立统一的观点。荀子说："凡以知，人之性也；可以知，物之理也。"这就坚持了世界的可知性原则。这些观点与马克思主义的历史唯物主义和辩证唯物主义有很大的共通性，能够帮助人们树立正确的世界观。

中国传统文化是一种伦理型文化，在人生观的问题上与为人民服务的社会主义主流人生观具有高度一致性。传统文化主张"先天下之忧而忧，后天下之乐而乐"，"己欲立而立人，己欲达而达人"，传统文化从来就不是自私的文化，利在天下、大公无私的人生观塑造了一代又一代的爱国爱民的知识分子投身革命和建设事业。今天弘扬传统文化无疑有利于为人民服务的人生观的建立，可以使个人把自己的前途和命运同祖国人民的命运联系起来，在为中华民族伟大复兴而奋斗的过程中实现自己的价值。

传统文化倾向于集体主义的价值观，反对自私自利的个人主义价值观。先贤们从来反对为了个人利益而置集体利益于不顾，反对把个人置于集体之上，总是主张公而忘私，为了集体的利益牺牲个人的享受、为了大家舍小家。《荀子·修身篇》中写道，"以公灭私，民其允怀"，"君子之能以公义胜私欲也"，这对于今

天的人们树立集体主义的价值观仍有莫大的裨益。

（二）有助于培育和践行社会主义核心价值观

党的十八大提出，倡导富强、民主、文明、和谐，倡导自由、平等、公正、法治，倡导爱国、敬业、诚信、友善，积极培育社会主义核心价值观。社会主义核心价值观是兴国之魂，执政之要，它体现了中国最广大人民群众的精神文化需要。培育和践行社会主义核心价值观是社会主义文化建设的重大工程，也是当前思想政治教育工作的紧迫任务。社会主义核心价值观既坚持了传统文化的积极因素，又赋以新的价值内涵，加入了社会主义先进文化的重要内容，是新时期社会主义文化建设的重要里程碑。如何培育和践行社会主义核心价值观，如何充分发挥传统文化在培育和践行社会主义核心价值观中的作用是一个需要认真研究的课题。

习近平在主持中共中央政治局第十三次集体学习时说："培育和弘扬社会主义核心价值观必须立足中华优秀传统文化。牢固的核心价值观，都有其固有的根本。抛弃传统、丢掉根本，就等于割断了自己的精神命脉。……中华传统美德是中华文化的精髓，蕴含着丰富的思想道德资源。不忘本来才能开辟未来，善于继承才能更好创新。"习近平的讲话充分说明弘扬中国优秀传统文化对于培育和践行社会主义核心价值观有着巨大的推动作用。传统文化给社会主义核心价值观以深厚的历史底蕴和历史积淀，反映了中国人民的精神需要。

（三）有助于提升我国的文化软实力

当今国与国之间的竞争与较量不仅是拼硬实力，还要拼软实力。软实力是一种无形的力量，关乎一个国家的文化和意识形态安全。我们要坚持用社会主义核心价值观和中华优秀传统文化武装人们的头脑，提高我国的文化软实力，抵御西方资产阶级价值观的腐蚀及西方文化的侵略和渗透。

习近平指出："中华优秀传统文化是中华民族的突出优势，是我们最深厚的文化软实力"，"提高国家文化软实力，要努力展示中华文化独特魅力。在五千多年文明发展进程中，中华民族创造了博大精深的灿烂文化，要使中华民族最基本的文化基因与当代文化相适应、与现代社会相协调，以人们喜闻乐见、具有广泛参与性的方式推广开来，把跨越时空、超越国度、富有永恒魅力、具有当代价值的文化精神弘扬起来，把继承传统优秀文化又弘扬时代精神、立足本国又面向世界的当代中国文化创新成果传播出去"。只有这样才能提升中华文化的影响力，扩大中华文化的影响范围。

三、民族复兴进程中的马克思主义与传统文化功能定位

（一）民族复兴进程中要实现中国传统文化的现代化转型

传统文化是过去的东西，加上百年来反传统主义的破坏，人

们对接受传统文化还有一个过程，重要的是有一个传统文化自身转型的过程。

"周虽旧邦，其命维新。"中国传统文化的当代价值也正在于它能够与时俱进，不断汲取其他文明的成果，不断与实践相结合，在实践中发展。黑格尔曾说，传统不是一尊不动的雕像，而是一道洪流，离开源头越远，膨胀得越大。传统文化的转型要以马克思列宁主义、毛泽东思想、中国特色社会主义理论体系为指导，要坚持面向世界、面向未来、面向现代化的方向，不断地推动优秀传统文化的自我更新、蓬勃发展，使其更加适应时代和社会主义的发展要求。

坚持"集体主义"与"制度保障"相契合，发挥个体积极性。中国传统文化奉行的"集体主义"原则导致个体无论在政治统治层面还是在家庭伦理层面都"受制于人"，没有话语权，实质是压制、禁锢了人的发展，无法发挥个体的主动性、积极性。党的十八大首次在党的全国代表大会上提出了建设社会主义文化强国的目标，要实现传统文化的现代转型就要通过制度设计来确保个体充分行使权力、充分发挥才智，通过人才遴选、竞争上岗等制度来营造让优秀人才脱颖而出的良好制度氛围，以便更好地促进社会主义现代化建设事业。

坚持"道德责任"与"契约责任"相契合，培养现代责任主体。传统文化建立在自给自足的小农经济基础之上，靠道德本身来维系主体责任，在现代市场经济的发展中表现出不适性，禁锢了以自由、竞争为特点的现代市场理念的发展，由此，在坚守个人伦理定位的合理内核的基础上，积极探索和营造与现代社会相适应的公民的"契约责任"，以此来培养社会个体的诚信、公平、合作意识，让平等的契约观念深入人心。

坚持"伦理追求"与"价值追求"相契合，服务中国特色社会主义建设。要在坚守"伦理追求"合理内核的同时，高扬以自我实现为目标的人的"价值追求"。通过"伦理追求"这种超越现实物质层面的道德向往和精神追求，实现社会和谐和人类文明的进步；通过"价值追求"来完成物质财富的创造和积累，为人类生存和发展提供前提和基础，更为社会主义文化强国建设提供物质平台，助推民族复兴大业。

（二）坚持马克思主义指导思想与传统文化的良性互动

在民族复兴的进程中，坚持用中国化的马克思主义理论引领社会发展方向、武装大学生头脑，这是中国共产党宝贵的历史经验。

广大党员干部是践行为人民服务的主体，使命崇高、责任艰巨，只有全体党员干部真正掌握马克思主义基本原理，掌握马克思主义立场、观点和方法，才能体现出党的先进性，也才能真正赢得广大人民群众。共产党员真学、真懂、真信、真用马克思主义是带有基础性、前提性的工作。当前阶段，我们正处在一个大发展大变革的时代，国际国内形势发生了深刻变化，意识形态领

48

域的斗争尖锐复杂，不断巩固马克思主义在意识形态领域的指导地位，打牢马克思主义主心骨，是我们团结和凝聚全党全国各族人民，应对各种风险和挑战，始终沿着正确方向前进的根本保证。广大党员干部要提高理论自觉、分清大是大非，强化使命意识，增强理论自信、道路自信、制度自信，不断提高自身党性修养，做合格的领路人和指导员。

坚持用传统文化培育道德，塑造个体价值内涵。传统文化中也有许多可资借鉴的优良基因。马克思主义提供的是方向性的指导，但不排斥优良传统文化对人品行的塑造，相反，要实现中华民族的伟大复兴，必须建立中华优秀传统文化传承体系，大力弘扬中华优秀传统文化。2013 年 11 月 26 日，习近平在山东考察时的讲话指出：一个国家、一个民族的强盛，总是以文化兴盛为支撑的，中华民族伟大复兴需要以中华文化发展繁荣为条件。对历史文化特别是先人传承下来的道德规范，要坚持古为今用、推陈出新的原则，有鉴别地加以对待，有扬弃地予以继承。

要继承和弘扬我国人民在长期实践中培育和形成的传统美德，就必须坚持马克思主义道德观、坚持社会主义道德观，在去粗取精、去伪存真的基础上，坚持古为今用、推陈出新，努力实现中华传统美德的创造性转化、创新性发展，引导人们追求讲道德、尊道德、守道德的生活，让 13 亿人的每一分子都成为传播中华美德、中华文化的主体。首先，要转变对传统文化的认识，高度重视其价值引领作用。传统文化广大悉备、包罗万象、深有裨益，开发利用好传统文化资源与当代公民道德建设、社会主义核心价值观建设息息相关，要坚持古为今用，高度重视对传统文化现代价值的开发和利用。其次，加大对传统文化的宣传力度，重视其教育和传承。要坚持正面导向，传播正能量，尽量选取传统文化中精华的因素进行宣传报道，树立大家的文化自信。宣传可以采取多种形式，多管齐下，要把传统文化与中国特色社会主义文化的关系讲清楚，把传统文化与社会主义核心价值观的关系讲清楚，把传统文化与我国文化软实力的关系讲清楚，以此增加人民的文化自觉和自信。再次，要加强对传统文化的保护，促进其与社会主义社会相适应。一个国家的发展不能脱离自己的传统文化，建设中国特色社会主义先进文化任重道远。要加快建设传统文化传承机制，把传统文化教育融入国民教育体系，同时，传统文化也不能仅仅停留在宣传报道及经典古籍里，应该让其实实在在地走近我们的身边，让我们不断受到其感召、熏陶和教化。

学习思考：

1. 如何理解民族复兴进程中马克思主义和中华优秀传统文化的功能定位？

2. 如何坚持马克思主义指导思想与传统文化的良性互动？

专题四　中华优秀传统文化是新发展理念的重要滋养

陈文殿　曲阜师范大学马克思主义学院教授

【教学导引】

授课对象：大学二年级各专业学生

学时安排：2 学时

板书设计：多媒体课件与教师黑板辅助性板书结合

教学方法：教师体系讲授、视频、案例分析、课堂讨论结合

教学目的：了解中华优秀传统文化的基本内容、新发展理念的科学内涵；理解和把握中华优秀传统文化是新发展理念的重要滋养；坚定"四个自信"；增强新时代中国特色社会主义的信心和信念。

教学要点：了解新发展理念的基本内涵；认识中华优秀传统文化是中华民族的宝贵资源和突出优势、中华优秀传统文化与新发展理念的内在联系；在落实新发展理念中使中华优秀传统文化得到转化和发展。

同学们：

开讲之前，我首先提一个问题，大家思考回答：习近平总书记提出的新时代五大发展理念是什么？从举手看，同学们都知道，即创新、协调、绿色、开放、共享。新发展理念符合我国国情，顺应时代要求，对破解发展难题、增强发展动力、厚植发展优势具有重大指导意义。那么，新发展理念是怎么提出来的？中华优秀传统文化与新发展理念具有怎样的内在契合性、相通性？本次课我将结合自己的研究，与同学们谈几点思考与认识。

一、新发展理念是人类现代文明生态发展的必然要求

（一）新发展理念的提出

解放和发展社会生产力，是社会主义的本质要求。习近平总书记指出："必须坚定不移把发展作为党执政兴国的第一要务，坚持解放和发展社会生产力，坚持社会主义市场经济改革方向，推动经济持续健康发展。我们要激发全社会创造力和发展活力，努力实现更高质量、更有效率、更加公平、更可持续的发展。"[①]

2015 年 10 月，习近平在《中共中央关于制定国民经济和社会发展第十三个五年规划的建议》的说明中指出：发展理念是发

[①] 习近平：《决胜全面建成小康社会 夺取新时代中国特色社会主义伟大胜利》，北京：人民出版社，2017 年。

展行动的先导，是管全局、管根本、管方向、管长远的东西，是发展思路、发展方向、发展着力点的集中体现。

2015 年 10 月 29 日，习近平在党的十八届五中全会第二次全体会议上的讲话中鲜明提出了创新、协调、绿色、开放、共享的发展理念。

2016 年 1 月 29 日，习近平在中共中央政治局第三十次集体学习时强调：新发展理念就是指挥棒、红绿灯。2017 年 10 月 18日，在党的十九大报告中习近平强调指出：要贯彻新发展理念，建设现代化经济体系。

（二）新发展理念的基本内涵

习近平总书记在十九大报告中强调指出："发展必须是科学发展，必须坚定不移贯彻创新、协调、绿色、开放、共享的发展理念。"[①] 这一理念具体包括：以创新发展解决发展动力问题，以协调发展解决发展不平衡问题，以绿色发展解决人与自然和谐问题，以开放发展解决发展内外联动问题，以共享发展解决社会公平正义问题。

1. 坚定不移地落实人与自然和谐共生的理念

习近平总书记反复强调，建设生态文明是中华民族永续发展的千年大计。必须树立和践行绿水青山就是金山银山的理念，坚

---

① 习近平：《决胜全面建成小康社会 夺取新时代中国特色社会主义伟大胜利》，北京：人民出版社，2017 年。

持节约资源和保护环境的基本国策，像对待生命一样对待生态环境，统筹山水林田湖草系统治理，实行最严格的生态环境保护制度，形成绿色发展方式和生活方式，坚定走生产发展、生活富裕、生态良好的文明发展道路，建设美丽中国，为人民创造良好生产生活环境，为全球生态安全做出贡献。①

人类：必须尊重自然、顺应自然、保护自然

十八大以来，我国加快了生态文明体制改革、建设美丽中国的步伐。人类只有遵循自然规律才能有效防止在开发利用自然上走弯路，人类对大自然的伤害最终会伤及人类自身，这是无法抗拒的规律。要推进绿色发展，着力解决突出环境问题，加大生态系统保护力度，改革生态环境监管体制。

我们要建设的现代化是人与自然和谐共生的现代化，既要创造更多物质财富和精神财富以满足人民日益增长的美好生活需要，也要提供更多优质生态产品以满足人民日益增长的优美生态环境需要，形成节约资源和保护环境的空间格局、产业结构、生产方式、生活方式，还自然以宁静、和谐、美丽。

2. 坚持推动构建人类命运共同体

坚持和平发展道路，推动构建人类命运共同体。中国人民的梦想同各国人民的梦想息息相通，实现中国梦离不开和平的国际环境和稳定的国际秩序。必须统筹国内国际两个大局，始终不渝

---

① 习近平：《决胜全面建成小康社会 夺取新时代中国特色社会主义伟大胜利》，北京：人民出版社，2017 年。

走和平发展道路、奉行互利共赢的开放战略，坚持正确义利观，树立共同、综合、合作、可持续的新安全观，谋求开放创新、包容互惠的发展前景，促进"和而不同、兼收并蓄"的文明交流，构筑尊崇自然、绿色发展的生态体系，始终做世界和平的建设者、全球发展的贡献者、国际秩序的维护者。坚持和平发展道路，推动构建人类命运共同体。

中国共产党是为中国人民谋幸福的政党，也是为人类进步事业而奋斗的政党。中国共产党始终把为人类做出新的更大的贡献作为自己的使命。中国将继续高举和平、发展、合作、共赢的旗帜，恪守维护世界和平、促进共同发展的外交政策宗旨，坚定不移在和平共处五项原则基础上发展同各国的友好合作，推动建设相互尊重、公平正义、合作共赢的新型国际关系。①

二、中华优秀传统文化是新发展理念的重要文化滋养

中华传统文化涵盖核心思想理念、中华传统美德、中华人文精神三大板块。其一，核心思想理念。中华民族自起源以来在共同生活的历程中所逐步形成的看待人与世界的核心观念、思考方式和行为准则。中华传统文化中的核心思想观念夯实了整个民族安身立命之根本。其二，中华传统美德。在中华传统美德的谱系

---

① 习近平：《决胜全面建成小康社会 夺取新时代中国特色社会主义伟大胜利》，北京：人民出版社，2017 年。

里，闪烁着中国先祖的道德智慧，其中所包含的信义、自强、勤俭、勇毅、逊让、敬老等伦理道德观念在转型中国中依旧焕发着强大的生命力，是应对道德流变、巩固国人正确道德观的重要资源。其三，中华人文精神。人文精神并不是西方的特产，从一定意义上看，中华人文精神在远古时期已初具雏形，厚德载物、和而不同、以人为本、以文化人等都是中华人文精神的象征，并且随着时间的推移而不断深化其内涵，在精神层面上把中国人的文化之根扎了下来，以巩固全体中国人所共享的精神田园。

以什么样的态度对待传统文化

马克思指出："人们自己创造自己的历史，但是他们并不是随心所欲地创造，并不是在他们自己选定的条件下创造，而是在直接碰到的、既定的、从过去承继下来的条件下创造。"[1]

毛泽东指出："今天的中国是历史的中国的一个发展；我们是马克思主义的历史主义者，我们不应当割断历史。从孔夫子到孙中山，我们应当给以总结，承继这一份珍贵的遗产。"[2]

习近平指出："不忘本来才能开辟未来，善于继承才能更好创新。"中华传统文化是我们民族的"根"和"魂"，如果抛弃传统、丢掉根本，就等于割断了自己的精神命脉。[3]

我国学者冯天瑜说："共同的文化成为中国境内诸族的黏结

---

[1] 《马克思恩格斯文集》（第2卷），北京：人民出版社，2009年，第470-471页。

[2] 《毛泽东选集》（第2卷），北京：人民出版社，1991年，第534页。

[3] 中共中央宣传部：《习近平总书记系列重要讲话读本》，北京：学习出版社、人民出版社，2014年，第100页。

剂，是中华民族内聚力经久不衰的原因之一。"①

在马克思主义的指导下，中华传统文化得以焕发新生，其中的优秀成分将为文化自信在国人内心扎根提供充足养分。

（一）中华优秀传统文化蕴含着深厚的创新发展思想

文王在上，于昭于天。周虽旧邦，其命维新。（《诗经·大雅·文王》）

革，去故也。鼎，取新也。（《周易·杂卦传》）

穷则变，变则通，通则久。（《周易·系辞下》）

富有之谓大业，日新之谓盛德。（《周易·系辞上》）

天施地生，其益无方。凡益之道，与时偕行。（《周易·益卦·象传》）意思是说，天施气于地，地受气而化生，正所谓"损上益下"。其施化之益，没有方向、处所的限制，可以说无所不至。因此，益之道就是变通趋时，把握时机，做出正确的判断和选择。②

吹呴呼吸，吐故纳新。（《庄子·刻意》）表明吐出故气，吸收新气，言简意赅地揭示了"扬弃"的精髓。

汤之《盘铭》曰："苟日新，日日新，又日新。"（《大学》第二章）

君子之学必日新，日新者日进也。不日新者必日退，未有不

---

① 冯天瑜等：《中华文化史》，上海：上海人民出版社，1990年。
② 《习近平用典》，北京：人民日报出版社，2015年，第259页。

进而不退者。（北宋·程颢、程颐《二程集·河南程氏遗书·卷第二十五》）

荣枯代谢而弥见其新。（王夫之《张子正蒙注·大易》）

善用其革者，岂有一定之成法哉！（王夫之《尚书引义》卷五）

气化流行，生生不息，是故谓之道。（戴震《孟子字义疏证》）

君子之为学也，必刻励其功，濯旧见以来新机，使其所得有日新之益。……若不日新，便是心有间断，私欲相乘，非昏则倦，日退必矣。未有半上落下，能站得住，不进而不退者。（清人张伯行释）

古人尚且如此，在日新月异的现代社会，处于瞬息万变之中，要跟上时代节拍，更须积极进取、奋发前行、与时俱进。

新民云者，非欲吾民尽弃其旧以从人也。新之义有二，一曰淬厉其所本有而新之。二曰采补其所本无而新之。二者缺一，时乃无功。（梁启超《新民说》）这里的"淬厉其所本有而新之"诠释了更新自身文化所应秉持的态度。

张岱年先生指出，作为"天下之大德"，生的本意是创造。承认"生生之谓易"，就是把世界和人生都看作不断创新的过程。只有不断变化、不断创新，才能永葆生机；而"苟日新，日日新，又日新"，这正是天时、人事的既定法则。

"明知因时而变，知者随事而制。"（桓宽《盐铁论》）"形势在发展，时代在进步。要跟上时代前进步伐，就不能身体已进入21 世纪，而脑袋还停留在过去。……摒弃不合时宜的旧观念，冲破制约发展的旧框架，才能让各种发展活力充分迸发出来。"①

　　总之，重视发展、主张创新、力倡革新，是中华民族传统文化和文化传统的重要内容和重要精神文化基因，表达了中华民族自强不息、乐观向上、革新图强的思想、观念、理想、信念和追求，是滋养社会主义核心价值观的重要文化资源，是我们今天要传承的重要精神。

　　（二）中华优秀传统文化蕴含着深刻的协调发展思想

　　"五行"在《尚书·洪范》里明确为水、火、木、金、土，而且被认为是首要之事，认定"五行"为构成万物的五种基质。在《左传》中也存在着"五行"，被认为是"地之五行"与"五材"、地之生殖密切相关。所谓"行"，郑玄注曰："行者，顺天行气也。""五行"含有"五行相生"和"五行相克"之义，表示生成化育。（《尚书·洪范》）

　　乾道变化，各正性命，保合大和，乃利贞。（《周易·乾·象》）

　　"和实生物、同则不继"（《国语·郑语》）思想源于西周末年周太史史伯。

　　以他平他谓之和，故能丰长而物归之。若以同裨同，尽乃弃

---

　　① 《习近平用典》，北京：人民日报出版社，2015 年，第 199 页。

矣。故先王以土与金木水火杂，以成百物。是以和五味以调口，刚四支以卫体，和六律以聪耳，正七体以役心，平八索以成人，建九以立纯德，合十数以训百体。（《国语·郑语》）

"和实生物"意思是指和谐、融合才能产生、发展万物，如悦耳动听的音乐是"和六律"的结果，香甜可口的佳肴是"和五味"的结果。随着百家争鸣的出现，中国古人对"和"的认识也进入了新的阶段：和谐不再仅仅是自然的法则，而且成为社会的法则。

天有"六气"，即"阴、阳、风、雨、晦、明也"。分为四时，序为五节。（《左传·昭公元年》）

道生一，一生二，二生三，三生万物。反者道之动。（《道德经·第四十二章》）

万物负阴而抱阳，冲气以为和。（《道德经·第四十二章》）

与人和者，谓人之乐；与天和者，谓天之乐。（《庄子·天道》）

孔子从做人的角度区分了"和"与"同"：君子和而不同，小人同而不和。（《论语·子路》）

礼之用，和为贵。（《论语·学而》）

怒哀乐之未发，谓之中；发而皆中节，谓之和。中也者，天下之大本也；和也者，天下之达道也。致中和，天地位焉，万物育焉。万物并育而不相害，道并行而不悖。（《中庸》）

对"和"的这样一种认识，使得古人在设计未来社会时，常常把"和谐"作为一个根本原则或者一种理想形态。

天时不如地利，地利不如人和。(《孟子·公孙丑下》)

春秋冬夏，阴阳之推移也；时之短长，阴阳之利用也；日夜之易，阴阳之化也。(《管子·乘马》)

荀子说："乐也者，和之不可变者也。"(《礼记·乐论》)

天地之气，莫大于和。(《淮南子·氾论》)

认识事物的度具有重要意义，在认识和处理问题时要掌握适度的原则。掌握适度原则，就是要求按照事物本来的辩证法办事。我们平常所说的要掌握"火候"，注意"分寸"，指的就是要求人们掌握好事物的度。

(三) 中华优秀传统文化蕴含着博大精深的生态发展思想

中华优秀传统文化中的"依时而为、取之有度"的生态资源节用观。

《吕氏春秋》的"十二纪"记载和《礼记·月令》记载：以阴阳五行图式或框架，把季节、气数、天象、物候、农事、政令、祭祀、生活、天、地、人、物都放置在一个庞大的系统中来加以考虑，着眼于自然万物及人与自然之间的相互联系、相互制约，不失为一种辩证的智慧。

人与天地相参。(《灵枢·岁露》) 阐述了人与自然的紧密关系。

天地之大德曰生；夫《易》，圣人所以崇德而广业也。(《周

易·系辞》)

与天地合其德，与日月合其明，与四时合其序，与鬼神合其吉凶。(《周易·系辞》)

昔者圣人之作《易》也，将以顺性命之理。(《易传·说卦》)

天地革而四时成，汤武革命，顺乎天而应乎人，革之事大矣哉。(《周易·革》)

这里的"顺"，有顺应自然、顺乎天理、遵循规律之意。这是以天人合德为核心理念的生态伦理最基本的内容。

六十四卦中第六十卦为《节》卦，专门阐明适当节制的道理。卦辞：节，亨（节制，亨通顺利）。《彖》辞解释说：天地节而四时成，节以制度，不伤财，不害民。爻辞《六三》：不节若，则嗟若（不能自我节制，必然会忧伤嗟叹）。爻辞《六四》：安节，亨（心安理得地节制，亨通顺利）。

这是《周易》中的一个重要思想，就是凡事要有节制（包括节俭、节约、节欲），不可过度开发，肆意掠夺，无限制地向自然索取；不可挥霍无度，暴殄天物。这是中国古代生态伦理的重要原则。

六十四卦中第十五卦是《谦》卦。卦辞：谦，亨。君子有终。《彖》辞的解释是：天道亏盈而益谦，地道变盈而流谦，鬼神害盈而福谦，人道恶盈而好谦。谦尊而光，卑而不可逾，君子之终也。爻辞《九三》：劳谦君子，有终吉。

夫莫之命而常自然。(《道德经·第五十一章》) 即让万物回归本性顺应自然规律。

为而不恃,长而不宰。(《道德经·第五十一章》) 不居功自恃、不妄图作万物生灵主宰的要义所在。

天地与我并生,而万物与我为一。(《庄子·齐物论》) 人与自然的关系并非征服与被征服抑或是敌对状态,而是一种内在契合甚至是融合为一的状态。

儒家以"仁"为本,孔子对"仁"的解释最基本的就是"爱人"。孔子将"仁"的理念融入看待自然的方式之中。

己欲立而立人,己欲达而达人。己所不欲,勿施于人。(《论语·雍也》) 这些原则不仅适合处理人际关系,也适合处理人与人的关系。

子钓而不纲,弋不射宿。(《论语·述而》)

伐一木,杀一兽,不以其时,非孝也。(《大戴礼记·曾子大孝》)

丘闻之,刳胎杀夭,则麒麟不至其郊;竭泽涸渔,则蛟龙不合阴阳;覆巢毁卵,则凤凰不翔,何则?君子讳伤其类者也。夫鸟兽之于不义也,尚知避之,而况乎丘哉。(《史记·孔子世家》)

孔子虽然是从仁的角度来描述这类问题的,但却表现出了对自然生态价值的重视,这是仁爱思想扩展至自然万物的表现。孔子将对待动物的态度与对待人的态度都作为道德问题来看待,这就实现了人际道德向生态道德的扩展。

孟子的主张闪烁着一种永续发展的智慧。孟子曰："尽其心者，知其性也；知其性，则知天矣。"(《孟子·尽心上》)

君子之于物也，爱之而弗仁；于民也，仁之而弗亲。亲亲而仁民，仁民而爱物。(《孟子·尽心上》)

不违农时，谷不可胜食也；数罟不入洿池，鱼鳖不可胜食也；斧斤以时入山林，材木不可胜用也。谷与鱼鳖不可胜食，材木不可胜用，是使民养生丧死无憾也。养生丧死无憾，王道之始也。(《孟子·梁惠王上》)

荀子提出将"以时禁发"，保护生态环境上升为圣王之制。

圣王之制也：草木荣华滋硕之时，则斧斤不入山林，不夭其生，不绝其长也。鼋鼍鱼鳖鳅鳝孕别之时，罔罟毒药不入泽，不夭其生，不绝其长也。春耕、夏耘、秋收、冬藏，四者不失时，故五谷不绝，而百姓有余食也。污池渊沼川泽，谨其时禁，故鱼鳖优多而百姓有余用也；斩伐养长不失其时，故山林不童而百姓有余材也。(《荀子·王制》)

荀子描述的"圣王之制"的理想社会，就是一个可持续发展的、人与自然和谐的社会。

凡生于天地之间者，有血气之属必有知，有知之属莫不爱其类。(《荀子·礼论》)

荀子提出君主的重要责任是协调各生物群落的关系，使其共生共荣。

君者，善群也。群道当则万物皆得其宜，六畜皆得其长，群

生皆得其命。(《荀子·王制》)

荀子要求人们应当顺应生物生长繁育的规律，把滋养和取用结合起来，守时以待，适时而为，以时斩伐，合理利用自然万物。为了保持社会的可持续发展，荀子提出"长虑顾后""节用御欲"的发展理念。"节用御欲"的主张，要求人们节约资源、财物，控制自己的欲望。

夫天地之生万物也，固有余，足以食人矣，麻葛、茧丝、鸟兽之羽毛齿革也固有余，足以衣人矣，伐其本，竭其源，而并之其末，然而主相不知恶也，则其倾覆灭亡可立而待也。(《荀子·富国》)

如果人们掠夺式开发自然，砍树焚林，竭泽而渔，这就从根本上破坏了自然生态的再生能力，只贪图当代人的享受而不考虑后代人的需要，这会走上一条自我毁灭之路。

是何也？非不欲也，几不长虑顾后而恐无以继之故也？于是又节用御欲，收敛蓄藏以继之也，是于已长虑顾后，几不甚善矣哉！(《荀子·荣辱》)

也就是说，既然自然资源是有限的，那么人们就应当"善用其材"，合理开发。荀子指出，作为君主应当"为天下之大虑也，将为天下生民之属，长虑顾后而保万世也"。

宋儒张载提出"民胞物与"的思想，是对"仁民爱物"思想的发展。北宋儒学大家张载将先秦的"天人合一"思想系统化地提炼归纳，提出"民胞物与"的思想，将万物都视作自己的同胞，对我们把握人与自然的相处模式有一定启发。

"为天地立心，为生民立命，为往圣继绝学，为万世开太平"（张载《正蒙·太和》）等都是天人合一思想的确证。

英国历史学家汤因比说："对现代人类社会的危机来说，把对天下万物的义务和对亲爱家庭关系的义务同等对待的儒家立场是合乎需要的，现代人应采取此种意义上的儒教立场。"[①]

"天人合一"是先秦儒家、道家等在人与自然关系上的基本观点。他们认为人是天地生成之物，人与自然是和谐共生的关系，人类社会的伦理规范应效法自然界的法则和秩序。儒家从"天人合一"的理念出发，把整个自然界看作一个统一的生命系统，认为所有生命都是天地所生（"天地之大德曰生"），都是有价值的。其中人是最为天下贵的，无疑具有最高的价值。人的职责就是引导管理自然的进化，即"赞天地之化育"，维护大自然的稳定和美丽。关爱万物、尊重生命就成为人类崇高的道德职责，人类对自然的利用也应遵循一定的道德规范，不能单纯从人的利益或喜好出发对待自然。

（四）中华优秀传统文化蕴含着丰富深刻的开放发展思想

汉代张骞出使西域的事迹成为中外交流史上的佳话，特别是为"丝绸之路"的开辟与中华文化的对外辐射做出了卓著的贡

---

① ［英］汤因比、［日］池田大作：《展望21世纪》，荀春生等译，北京：国际文化出版公司，1985年，第427页。

献，在此之后世界逐步领略到中国文化的风采，中国文化也在交流中吸纳了异质文化的能量。

大抵在两汉交际之时，佛教传入中国，为中国本土的思想学派带来了富有启发意义的洞见。

"海纳百川"，最早出自《三国名臣序赞》："形器不存，方寸海纳。"李周翰注："方寸之心，如海之纳百川也，其言包含广也。"（晋代袁宏《三国名臣序赞》）

"有容乃大"，"尔无忿疾于顽。无求备于一夫。必有忍，其乃有济。有容，德乃大。"（《尚书·君陈》）

"海纳百川，有容乃大；壁立千仞，无欲则刚。"（林则徐任两广总督时书写的总督府对联）

有容乃大，出自《尚书》；无欲则刚，出自《论语》。

"海纳百川，有容乃大"，显示出民族英雄林则徐的个人修养，人生追求，像大海能容纳无数江河水一样的宽广胸襟，以容纳和融合来形成超常大气。

唐代，佛画以特有的表现形式，在与中国文化结合之后创造出了非凡的艺术效果，如吴道子画笔下极富神韵的《送子天王图》所呈现的佛教特色与本土元素的有机融合。此外，唐代对外开放所体现出的博大的"包容性"，还体现在广泛地吸收异质文化中包括语言、医学、建筑、乐舞等有益成分，形成了一幅绚丽的盛唐文化图景，这也是英国历史学家威尔斯在《世界简史》中所总结提炼的中国人"开放""包容""探索"的精神特质的显现。

中华文化对异质文化的辐射效应是极强的，不论是早期交流，抑或是四大发明的向西传播，中华文化对异质文化的影响向来有之且影响深远。

以唐代与东亚国家的交流为例，自公元 7 世纪伊始日本第一次派遣"遣唐使"以来，日本通过文化交流借鉴了唐代的建筑风格、典章制度、礼俗习惯等，我们所奉为美谈的"鉴真东渡"便是这种文化交流的典型代表，唐代文化为日本文化的发展注入了活力。除日本外，朝鲜也是又一浸润于中国文化的典型，相较于日本而言，朝鲜与中国交流的历史更为悠久。值得我们注意的是，即便中华文化在自汉唐以来的交流中广泛借鉴了外域文化的智慧，但中华文化并没有沦为异质文化的附属，这也是中华文化包容性与开放性的有力佐证。[①]

（五）中华优秀传统文化蕴含着博大深厚的共享发展思想

在道家的社会图景里，最为有名的便是老子所构想的"民至老死不相往来"的"小国寡民"社会，人人自给自足并与外部切断联系，这样的社会具有"安其居，乐其俗"的原始吸引力。

墨子提出"兼相爱"的社会。

儒家强调要关心他人，即"仁者爱人"。"仁"是孔子确定的最高道德准则，核心是"爱人"，即对人的关心和尊重。

---

① 参见项久雨：《新发展理念与文化自信》，《中国社会科学》2018 年第 6 期。

儒家最为经典的大同蓝图便是《礼记·礼运》篇中政治上施行"天下为公"的理想制度，人才的任用完全依照"选贤与能"的标准，人际交往与国家交往之中倡导"讲信修睦"，使不同年龄层次的人都能各得其所、各尽其能，社会各方面都秩序井然。《礼运》中还对比了大道应然状态与现实中"大道既隐"的鸿沟，指明了"小康"社会所应具备的特性。

《礼记·礼运》提出了"大同社会理想"："大道之行也，天下为公，选贤与能，讲信修睦。故人不独亲其亲，不独子其子。使老有所终，壮有所用，幼有所长。矜寡孤独废疾者，皆有所养。男有分，女有归。货恶其弃于地也，不必藏于己。力恶其不出于身也，不必为己。是故谋闭而不兴，盗窃乱贼而不作。故外户而不闭。是谓大同。"(《礼记·礼运》)

"樊迟问仁。子曰：'爱人'。"(《论语·颜渊》)

"礼之用，和为贵，先王之道斯为美。"(《论语·学而》)

"老者安之，朋友信之，少者怀之。"(《论语·雍也》)

"亚圣"孟子进一步发展了儒家关于人与社会和谐的思想。把孔子的"仁"发展为"仁政"和"仁义之道"，认为仁义等美德是人们天生固有的一种内在要求。孟子强调人的自我实现、自我肯定，是对人与社会和谐的本质的深刻认识。

荀子在人与社会的关系上强调"天下之大齐"。(《荀子·乐论》)

洪秀全提出了"有田同耕，有饭同吃，有衣同穿，有钱同使，无处不均匀，无人不饱暖"（《天朝田亩制度》）的理想社会。

康有为《大同书》中主张去"国界""级界""种界"等九界的大同社会，"人人皆教养于公产"，"人人相亲，人人平等"。康有为将儒家思想内核与西方资产阶级思想观念相结合，字里行间都表达了先进中国人对理想社会的朴素追求，在历史的长河里闪烁着耀眼的光芒。①

费孝通先生提出："各美其美，美人之美，美美与共，天下大同。"②

总之，"天下为公"，是从孔夫子到孙中山的伟大理想，"大同"作为中国先人孜孜以求的社会理想，代表着先人对美好生活的憧憬与向往，先秦诸子百家都曾畅想过美好的大同图景。

三、新发展理念对中华优秀传统文化的传承和发展

中华优秀传统文化是中华民族的血脉和灵魂。中华民族历经磨难仍巍然屹立于世界民族之林，中华文明历经五千年仍具有旺盛生命力，其重要原因就在于拥有博大精深的优秀文化。中华优秀传统文化蕴含着中华民族最深沉的精神追求，中华民族是以中华文化的兴盛为支撑的。中华优秀传统文化是新发展理念的文化渊源和丰厚滋养。

---

① 参见项久雨：《新发展理念与文化自信》，《中国社会科学》2018 年第 6 期。
② 参见费孝通：《反思·对话·文化自觉》，《北京大学学报》1997 年第 3 期。

（一）中华民族的伟大复兴是以中华文化的兴盛为支撑的

1. 中华优秀传统文化是中华民族的精神家园

中华优秀传统文化强调人在社会中的地位与责任，注重自强不息、刚健有为的理想信念和道德追求，这是中华民族最根本的精神基因。特别是儒家所倡导的讲仁爱、重民本、守诚信、崇正义、尚和合、求大同等思想理念，牢固积淀在每个中国人的思维模式和行为方式中，深刻影响了一代又一代中华儿女。可以说，中华优秀传统文化是中华民族的根基和血脉，是海内外华人共有的精神家园，是中华民族生命力、凝聚力、创造力的重要源泉。

2. 中华优秀传统文化是中华民族最深厚的文化软实力

习近平指出：“中华优秀传统文化是中华民族的突出优势，是我们最深厚的文化软实力。”① 中华民族拥有五千年的悠久历史，创造了灿烂辉煌的文明，中华优秀传统文化对世界文明进步做出了巨大贡献。新中国成立后特别是改革开放以来，我们取得了举世瞩目的发展成就，走出了一条独具特色的中国道路，激发凝聚起伟大的中国精神，对当今人类社会发展进步和世界文明做出了新的贡献。今天，全面建成小康社会、实现中华民族伟大复兴，仍然离不开中华优秀传统文化的支撑。无论思想共识形成、精神力量汇聚，还是社会风尚引领、文化繁荣发展，都需要汲取

---

① 中共中央宣传部：《习近平总书记系列重要讲话读本》，北京，学习出版社、人民出版社，2014年，第96页。

传统文化的精华。

3. 中华优秀传统文化是中国特色社会主义的沃土

习近平指出："中国特色社会主义植根于中华文化沃土、反映中国人民意愿、适合中国和时代发展进步要求，有着深厚历史渊源和广泛现实基础。"① 这一论断意味深长、发人深省。它充分昭示：科学社会主义的基本原则只有同各国的具体实际和优秀文化传统相结合，才能根深蒂固、枝繁叶茂。正是在继承中华优秀传统文化的基础上，我们党带领人民成功走出了一条强国富民的正确道路——中国特色社会主义道路，不断实现马克思主义中国化的新飞跃。博大精深的优秀传统文化和当今时代特征紧密结合，更加坚定了我们的"四个自信"。

4. 中华优秀传统文化是实现中华民族伟大复兴中国梦的强大精神力量

中华民族伟大复兴的中国梦，体现了当代中国人的理想，承继了中华民族悠久的历史传统。在近代以来的磨难曲折和卓绝抗争中，中国人民从来没有停止过对民族复兴梦想的追求。从孙中山先生提出"振兴中华"的口号以来，中国人民为实现这个目标进行了不屈不挠的斗争。中国共产党成立后，团结带领人民前仆后继、顽强奋斗，中华民族伟大复兴展现出前所未有的光明前景，我们正在一步步接近实现梦想的目标。在实现中华民族伟大复兴

---

① 中共中央宣传部：《习近平总书记系列重要讲话读本》，北京：学习出版社、人民出版社，2014 年，第 99 页。

中国梦的历史进程中，必须大力弘扬优秀传统文化，建设社会主义先进文化，凝聚起无坚不摧的强大力量。

（二）坚持创新发展，坚定中华文化自信，推动文化创新发展

1. 文化创新是增进文化自信的根本动力

文化创新是生成滋养文化自信的动力，并且其中所体现的文化自信还会产生源源不断的溢出效应，对于一个民族走向世界中心有着重要的意义。文化创新作为文化繁衍能力的表征，一方面要着眼于文化内容上的创新，另一方面要推出富有新意的文化呈现形式，由此才能从根本上使全体国民持续葆有高度的文化自信。正如约瑟夫·奈所指出的那样，软实力的效果"很大程度上取决于受众的接受态度"。①

2. 深入推进中国特色社会主义文化创新发展

第一，文化创新要以传承为先，与自身的传统、与历史对话。第二，文化创新要紧扣时代的脉搏，与所处时代融合共生。文化创新要找准与时代的契合点，以新思维带动文化新发展。"互联网＋""人工智能"时代的到来，都在呼唤着文化不断汲取时代养分发展自身，以新貌呈现给广大受众，从而更为潜在地萌发自信。第三，文化创新要回归生活的天地，与生活对话。第四，文

① ［美］约瑟夫·奈：《软实力：权力，从硬实力到软实力》，马娟娟译，北京：中信出版社，2013年，第133页。

化创新要有制度的领航，提供制度化的保障。

（三）坚持开放发展，推动中华文化走向世界，提升国家话语权

1. 多极化多样性是世界文化的客观现实和逻辑发展

阳光包含七种颜色，世界也应当是异彩纷呈的。世界是由多个民族构成的，中华民族是世界民族大家庭的一员，中华民族精神也是世界民族精神园林中的一朵奇葩。在和平与发展成为主题的当今时代，实现持久和平和共同发展是各民族的一致愿望。毛泽东说过："中国古代圣人之一孟子曾经说过'夫物之不齐，物之情也'。这就是说，事物的多样性是世界的实况。马克思主义也是承认事物的多样性的，这是同形而上学不同的地方。"① 在世界各民族的大家庭中，中华民族是积极的、负责任的、有作为的一员。

2. 维护人类文明多样性，倡导交流互鉴和包容发展

习近平指出"以地利尽人和，以义利促发展"的邻国观，共建"命运共同体"的思想，同样反映出普遍联系的道理。第一，正确看待并有效化解文化冲突，不断促进文化间的交流互鉴。第二，合理汲取世界文明优质成果不仅彰显中国文化的包容性，也是增进文化自信的重要方式。第三，文化话语权的提升是增进文化自信不可或缺的条件。历史的事实无可辩驳地证明，中华民族

---

① 《毛泽东文集》（第6卷），北京：人民出版社，2001年，第364页。

是一个崇尚和谐、向往和睦、缔造和美的民族，它对于和平的珍惜、对于友善的重视在世界各民族中是独树一帜且旗帜鲜明的。无论是历史上还是在现实中，中华民族在努力创造自己的文明和幸福的同时，都在努力促进世界各民族之间的和平和共同发展。可以说，以伟大的中华民族精神为核心和灵魂的中华文明和中华文化是世界文明和世界文化中的重要组成部分，应该在伟大的中华民族精神鼓舞下努力实现民族的伟大复兴，并且争取对人类做出较大的贡献。

（四）坚持共享发展，厚植中华人文精神的魅力，共建人类大同蓝图

1. 文化成果共享要通过文化供给、文化参与的平等来实现

辟如四时之错行，如日月之代明，万物并育而不相害，道并行而不相悖。（《礼记·中庸》）在宇宙和大自然的法则中，包容精神与和合之道随处可见，被认为是国与国共处之道，人与人相处之道。

美国人类学家克利福德·格尔兹认为："文化是公众所有的，因为意义是公众所有的。"①

2. 公共文化服务普遍化均等化与全民文化素养提升有机统一

党的十九大报告在国家战略层面提出："要完善公共文化服

---

① ［美］克利福德·格尔兹：《文化的解释》，纳日碧力戈等译，上海：上海人民出版社，1999 年，第 14 页。

务体系，深入实施文化惠民工程，丰富群众性文化活动。"① 其一，扶贫工作深入推进的同时不能忽视文化意义上的精神扶贫、教育扶贫。要"注重扶贫同扶志、扶智相结合"，这才是解决贫困问题的治本之策。其二，政府除看得见的财政支持外，还应动员更多的社会力量参与到文化共享的事业之中，不断供给高质量的文化服务，形成对普通百姓"看不见"的吸引力与引导力。其三，文化参与要实现平等，使人民不受经济条件所限，都能自主地参与到公共文化服务之中。经由文化成果共享使得人民群众有一种文化意义上的获得感，既能从中提升全民文化素养，又能由此使人民群众真正在文化生活中增进文化自信。

中华优秀传统文化是中华民族文化自信和生态发展的丰富资源与重要支撑。中华优秀传统文化是中华民族的精神家园，是中华民族最深厚的文化软实力，是中国特色社会主义的沃土，是实现中华民族伟大复兴中国梦的强大精神力量。我们要培育中华文化主体意识，厚植中华文化深厚情感，坚定中华文化自信，坚定不移地贯彻和落实新发展理念，大力弘扬优秀传统文化，建设社会主义先进文化，走中国特色社会主义发展道路，积极推动中华文化创新发展，推动新时代中国特色社会主义新型现代文明的生态发展。

---

① 习近平：《决胜全面建成小康社会 夺取新时代中国特色社会主义伟大胜利》，北京：人民出版社，2017 年。

学习思考:

1. 如何理解中华优秀传统文化是新发展理念的渊源和丰富滋养?

2. 新发展理念对中华优秀传统文化有哪些传承与发展?

专题五　新轴心时代中国文化的特性

张方玉　曲阜师范大学马克思主义学院教授

【教学导引】

授课对象：大学二年级各专业学生

学时安排：2 学时

板书设计：多媒体课件与教师黑板辅助性板书结合

教学方法：教师体系讲授、视频、案例分析、课堂讨论结合

教学目的：引导帮助大学生认识文化的先进性；了解全球化与市场化的时代背景；正确认识所谓的"普世价值"，把握新轴心时代中华文化民族性的形态和中国文化普世性的关键词，坚定文化自信。

教学要点：先进文化的前进方向：文化的先进性；全球化与市场化的时代背景：文化的现代性；中华民族的传统与现实：文化的民族性；世界性的眼光和包容的胸怀：文化的普世性。

同学们：

　　德国哲学家雅斯贝斯提出，公元前五百年左右的时期内或公元前 800—前 200 年的精神历程中，世界文化构成了人类历史上的奇迹"轴心时代"。历史和现在表现出惊人的相似处，当代中国也许正在开启着一个新的文化"轴心时代"。两千多年前的"轴心时代"，古老的文明是在三个"并无联系""互不知晓"的地区发展起来的，而新的文化"轴心时代"则是全球视野下的文化多元发展。那么，新的"轴心时代"国际国内形势呈现出何样的深刻变化？中国的文化建设应如何直面现实的问题增强文化自信？本次课我将结合自己的思考和研究，与同学们谈几点认识。

一、先进文化的前进方向：文化的先进性

　　新轴心时代，世界多极化、经济全球化不断发展，文化越来越成为国家和民族的凝聚力和创造力的重要源泉。文化不仅是世界各国综合国力竞争的重要因素，也是世界各国人民热切的生活需求。一个发展和进步的社会，必然不可缺少健康向上、朝气蓬勃的精神动力和时代灵魂。这种精神动力和时代灵魂的文化显然不是落后、腐朽的文化能够担当的，而必须由先进性的文化来担当。文化是一个社会、一个时代的精神和灵魂，而先进文化则在本质上承载着文化之魂。在这个意义上，文化的先进性体现着一个社会和时代的灵魂的"灵魂所在"，先进性展现着一种文化的

核心理念。

对文化先进性的探讨可以围绕着这样几个主要问题展开：何谓文化的先进性？文化的先进性谁来体现？文化的先进性何以可能？当代中国文化的先进性如何实现？

（一）何谓文化的先进性

这一问题的实质就是搞清楚文化"先进性"的评价标准或者尺度。进入 20 世纪以来，国内关于文化先进性和先进文化的研究是相当丰富的。研究者从不同的视角出发，或从抽象的文化观立论，或从马克思主义视野开展研究，或立足于中华民族的文明传统，或以西方文化为模板，当然更多的还是着眼于当代中国社会的现实情况，做了许多有益的研究。例如，文化的先进性就是指文化的科学性、真理性、人民性、人文性，先进性体现为科学精神、科学方法、科学态度和人文意识、价值关怀和精神家园。再如，文化的先进性就是指文化发展符合人类社会的发展方向、体现生产力的发展要求、代表最广大人民群众的根本利益、反映时代潮流进步，科学的理论、正确的舆论、高尚的精神、优秀的作品即是文化先进性的具体形态。文化的先进性还可以更加现实和直接地表述为：面向现代化、面向世界、面向未来，民族的、科学的、大众的特性。文化理论在创新中发展，一个社会和时代的灵魂的"灵魂所在"是文化先进性在新轴心时代必须深入追问的主题。"文化的灵魂是什么，就是凝结在文化之中、决定着文化质的规定和方向的最深沉的要素，就是核心价值观。有什么样的价值观，就有什么样的文化立场、文化取向、文化选择。讲软实力、文化力，从根本上取决于核心价值观的生命力、凝聚力。历史和现实反复表明，如果没有这个最核心的东西，一种文化就立不起来、强不起来，一个民族就没有赖以维系的精神纽带，一个国家就没有统一的意志和行动。"① 那么，这个"灵魂的灵魂"来自何处，其主体承担者是谁？

（二）文化的先进性谁来体现

是马克思主义、中国传统文化、西方文化，抑或是其他？实际上，如何看待马克思主义、中国传统文化以及西方文化的关系，一直是当代中国文化建设的一个重大问题。就马克思主义对当代中国文化建设的理论地位和指导意义而言，它的统领地位和指导意义是不争的事实，有的学者明确地提出"马魂、中体、西用"。② 马克思主义决定着当代中国文化的性质和方向，是当代中国文化先进性的根源所在。然而，问题并未得到全部的解决。人们依旧可以追问：何者意义上的"马克思主义"，是"老马""西马"还是"中马"体现着先进性？那些在中国已经立足并发扬的"西学"是否仅仅为"用"，它们是否也在某种程度上体现着文化

---

① 云杉：《文化自觉 文化自信 文化自强》，《红旗文稿》，2010 年第 17 期。
② 李毅等：《综合创新论与"马魂、中体、西用"》，《上海师范大学学报（哲社版）》，2007 年第 6 期。

的先进性？在马克思主义、中国传统文化、西方文化会通与交融的过程中，"魂""体""用"三者是否是始终独立甚至割裂的？马克思主义中国化和中国化的马克思主义对这些问题做出了很好的解答。中国化的马克思主义不断吸收、借鉴、融合各种优秀的思想文化成果，与时代同行、与实践同步，形成了马克思主义中国化的一系列成果，从而体现着当代中国文化的先进性。

（三）文化的先进性何以可能

在当代中国文化建设中，马克思主义中国化和中国化的马克思主义可以理解为文化的"综合创造论"。这样，文化的先进性何以可能的问题就演变为文化的"综合创造"何以可能。张岱年先生认为"综合创造"的根据有二。[1] 其一是文化系统的可解析性和可重构性。文化是一个具有结构和整体功能的系统，它过时与落后的根本原因在于其结构的不合理，而根本的改造途径在于旧系统的消解和新系统结构的重构。因此，在新轴心时代，综合创造一个新文化系统是可能的。其二是文化要素间的可离性和相容性。一个文化系统所包含的要素，有些是可以经过改造融合到其他文化系统中的，所以不同的民族文化之间既有其独立性，也可以相互吸收、相互融合。因此，来自不同文化系统的要素，只要它们能够相容，就可能综合创造为一个新的系统。正因为如此，

---

① 张岱年等：《中国文化与文化论争》，北京：中国人民大学出版社，1990 年，第 391 页。

马克思主义虽然诞生于 19 世纪，但没有滞留于 19 世纪。在马克思主义、中国传统文化、西方文化碰撞与融合的过程中，产生出马克思主义的当代形态和中国形态，也就是中国化的马克思主义，并在中国大地上焕发出勃勃生机，展现出新文化系统的先进性。

（四）当代中国文化的先进性如何实现

中国化的马克思主义是当代中国文化建设的理论基础和指导思想，为中国社会的进步和发展指明了前进的方向。从理论基础和指导思想到当代中国文化先进性的真正发挥，仍然要探索其实现的关键环节和核心内容，这就是社会主义核心价值体系。社会主义核心价值体系包括马克思主义指导思想、中国特色社会主义共同理想、以爱国主义为核心的民族精神和以改革开放为核心的时代精神、社会主义荣辱观。不难发现，这一核心价值体系正是对于古今中西优秀文化的"综合创造"，是当代中国思想文化建设上的重大理论创新。核心价值体系渗透于当代中国文化建设的各个方面和各个环节，对于每一个社会成员的世界观、人生观、价值观都具有深刻的影响，是社会系统得以运转、社会秩序得以维持的基本精神依托。可以说，核心价值体系不仅是当代中国文化建设的内在精神之魂，也是新轴心时代中国社会的内在精神之魂。推动新轴心时代中国文化的繁荣发展、充分实现中国文化的先进性、建设和落实社会主义价值体系是一个重大战略任务。

二、全球化与市场化的时代背景：文化的现代性

　　人类社会发展的第一个轴心时代——古代文明，是在中国、印度和西方这三个互不关联的地区发展起来的。轴心期的三个地区，实际上构成了相对隔绝的有限生活空间。但轴心期出现以后，这些相对隔绝的有限空间便产生出强大的辐射力量，使得生活在这三个地区以外的人们也被拖入到轴心期开创的人类历史中。人类开始依靠轴心期所产生和创造的文明而生存，轴心期的潜力的苏醒和对轴心期的潜力的复兴提供了人类文明前进的精神动力，对轴心期的复归是中国、印度和西方一直在进行的发展情形。随着人类文明的前行，三个文明中心的精神力量不断地向全球辐射，三种轴心期产生的文明终将遭遇和相逢，新的轴心时代应运而生。"全球文化视野""多元文化互动"成为新旧轴心时代文明的一个本质区别。同时，新轴心时代赖以存在的工业文明、科技革命、市场体系等等，也成为新文明鲜明的时代特征。进入 20 世纪 90 年代，全球化成为中国文化发展的一个关键词。在中国的政治外交、经济生产、学术文献、商业运作和娱乐生活中，全球化几乎随处可见，当代中国社会文化融入现代国际社会的需要已经凝练为明确的全球定位意识。与此同时，大量的新词汇和新概念伴随着以经济建设为中心的号角铺天盖地而来，例如文化产业、文化企业、文化市场、文化旅游、文化资源、文化经济等等。文化新

概念在经济建设和文化建设中直接地引发许多新的产业领域和经济热点，国际文化产业的潜力极大地带动了国内文化市场的发展，文化作为一种新兴的产业正展现出极其广阔的发展前景。

（一）全球化与市场化开启了当代中国文化建设崭新的时代背景

在最初和直接的意义上，全球化毋庸置疑就是经济全球化，是市场经济体制在全球范围内扩张的结果。但全球化问题绝非如此单纯，它是一个涵盖了科技、知识、资本、市场、意识形态、价值观念等在内的复杂问题，经济、政治、文化、军事、外交统统被揉成一团。随着全球化的深入发展，文化与经济、政治以及其他社会生活日益一体化，这为新轴心时代的文化建设提供了全新的发展空间以及现实的可能性。

新的科技革命尤其是计算机和信息技术的迅猛发展提供了强大的技术支持，全球文化广泛而密切的交流成为可能。地球似乎变小了，人类开始成为"地球村民"，全球人类的命运空前地紧密相连。强大的技术力量，不仅使得全球范围的协商与合作日益可能，而且促使这种协商与合作日趋必要。信息产业迅速发展，它一方面成为世界经济新的增长点，另一方面也成为全球文化建设的新工具和新载体。

经济全球化为世界市场的形成与发展提供了强大的经济动力，它既表现为新轴心时代的文化建设所需要的物质基础，更表现为对于一种新文明的渴望与诉求。经济全球化、世界市场体系本身就包含着深刻的文化意蕴和价值观念，一旦缺失共同认可并遵守的"游戏规则"，全球经济与世界市场必然无法正常运行。在这个意义上，所谓的全球化也是一个"经济文化化"和"文化经济化"的过程。全球化的生产、贸易、消费乃至市场和金融无不需要新的制度文化的支撑，这种制度文化可以表现为道德观念、经济理念、法律规范、审美情趣、宗教关怀等各种形态。需要指出的是，这些制度文化的诸种形态显然不是传统社会中仅具有地域性、民族性的内容所能够企及的，它必须具有普遍的意义和共通的价值，这种诉求直接地构成了新的全球文明建设的现实着力点。

　　西方国家在全球范围内推行的文化霸权主义提供了"意外"的政治驱动。尽管强权政治的目的是要把全球化改造为价值观念和意识形态的西方化，但在实际效果上也促成了民族间的文化对话、交流、沟通与合作。为了配合全球资本最大限度地扩张，西方文化本身既是资本价值增值的手段，而且一直也是推行霸权主义的手段。例如，西方国家在全球范围内推行的文化消费主义："麦当劳""肯德基""迪士尼""好莱坞""可口可乐""阿迪达斯"等等，无不充满着美国消费文化的浓烈气息。这种文化消费主义直接渗透到人们的日常生活中，有的学者明确地称此种文化全球化即"全球好莱坞化""全球麦当劳化"。就实际情形而言，西方文化全球化既为当代文化的交流和发展创造了条件，也加剧了不同文化形态之间的冲突。在一定意义上说，西方化也促进了民族文化的觉醒，引发了全球范围内的文化反思和文化批判，世界文化走向全球化的过程中又发生着多元文化的发展。

（二）全球化与市场化呈现出当代中国文化建设的时代特性

工业化、信息化、城镇化、市场化、产业化、国际化等等，既是机遇也是挑战，这就要求当代中国文化必须具备相应的时代特性。进一步而言，当代中国文化的时代特性应为"现代性"。

现代性的文化是一种面向大众的社会主流文化，它以产业为基础，以文化为载体，是现代生活、商品消费和流行时尚的结合体，倡导充满活力的文化产业；现代性的文化关注人们的消费主体地位，它明确人们具有文化消费上的选择权利，从人们的文化需求出发来安排文化生产，倡导市场调节的文化生产方式；现代性的文化与高科技的融合不断增强，数字、电子、网络等技术在文化领域获得广泛运用，文化创作生产的能力大幅度提高，新的文化形态不断产生，文化的创造力、感染力、传播力明显增强；现代性的文化瞄准国内与国外文化市场的浪潮，致力于形成传媒业、娱乐业、旅游业与电信业、电脑业、出版业相互融合、相互渗透的新格局，倡导发展国际文化产业的强势文化品牌；现代性的文化具有"中国文化自觉"意识，充分吸纳世界各国的优质文化资源，如美国的电影业和传媒业、日本的动画产业、韩国的网络游戏业、德国的出版业、英国的音乐产业等。

2010 年上海世博会是继 2008 年北京奥运会后中国主办的又一次全球盛会，为中华文化的复兴与提升提供了良好的契机，是当代中国文化建设在全球化与市场化背景下的一次全新的亮相。上海世博会是世界各国政治、经济、文化的全景式展示，特别是全人类科技、文化成果交流的超级平台。开发世博会的文化资源，引导社会大众消费的潮流，把这些文化资源和文化创造的成果转化为市场所需要的产品和服务，从而更好地满足人们不断增长的精神文化需求，这正是当代中国文化应有的现代性。

"目前，我国对外开放交流合作的方式和渠道不断拓展，除了政府和民间的合作之外，文化企业正在成为对外文化贸易的生力军，文化产品和服务'走出去'的步伐明显加快。一批有实力的文化企业，在境外建立了自己的研发生产基地和销售网络。全方位、多层次、宽领域的对外文化交流格局正在形成。"①

三、中华民族的传统与现实：文化的民族性

民族性和国度性一直都是文化的重要特性。可以说，一部人类的发展史也是一部不同民族、不同国家的文化在历史舞台所呈现的风格各异的演出。然而，民族文化的传承与发展从来就不是一帆风顺的，伴随而来的常常是激烈的冲击、碰撞和对抗。在这种激烈的冲击、碰撞和对抗中，一些民族文化受到致命的重创而归于衰竭与消亡，历史上民族文化的"断裂"并不乏见；与此同时，那些富有强大生命力的民族文化则不断焕发出新的生命力，

---

① 欧阳坚：《文化发展繁荣的春天正在到来》，《求是》2010年第19期。

而那些新兴的民族和地域文化也开始崛起。中华文化的发展进程中，既发生着汉族文化与少数民族文化的接触、混杂、联结与融合，也发生着外来文化传入所带来的冲击与碰撞，例如佛教与道教、儒家的论争、对抗和相互吸纳。特别是近代以来，西方列强的"坚船利炮"打开了锁闭的国门，在先进的西洋科技文明、政治文明面前，传统文化相形见绌，儒家文化陷入前所未有的困境。从"中体西用"到"全盘西化"，是否还要继承传统文化成为一个问题，这一问题在根本上动摇着中华文化的民族性。即使是在20世纪80年代的文化讨论中，一些论者仍然提出以"蓝色文明"取代"黄色文明"的观点，盲目崇拜西方的民族虚无主义并未间断。进入新轴心时代，中华文化可能面临的挑战与伤害，不仅仅来自"好莱坞的大片""麦当劳的薯片""英特尔的芯片"文化，也来自内部的自我贬抑、自我否定和自我放弃。

（一）当代中国的文化建设中，文化自觉、自信、自强尤为重要

文化自觉是对文化的认识和对发展文化的责任担当，是文化上的觉醒；文化自信是对自身文化价值的充分肯定，是对自身文化生命力的坚定信念；文化自强是依靠自己的力量，展现自己的特色，使自己的文化具有强大的吸引力、创造力和竞争力。文化自觉、文化自信、文化自强中的三个"自"，充分强调了自己的民族文化、自身的国家文化的立足点和根本点，这就是新轴心时代文化建设所要坚持的民族性。

（二）新轴心时代中华文化民族性的形态

提及中华文化的民族性，人们首先想到的就是五千年灿烂的古代文明，于是现实中往往有人把坚持文化的民族性理解为对于古代文明的"复归"。这是一种单一和狭隘的理解，实际上，当代文化建设的民族性不仅来自古代传统，也来自当今现实。古代优秀的传统文化固然是文化民族性的母体，但并非文化民族性的全部；业已形成的传统也许并非一个，而是多个传统，或者更好地称之为"多元一体"的传统。"我们目前在中国可以看到三种传统，一个是改革二十五年来形成的传统，……这个传统大致是以'市场'为中心延伸出来的，包括很多为我们今天所熟悉的概念，例如自由和权利等等。另外一个传统则是共和国开国以来，毛泽东时代所形成的传统，这个传统的主要特点是强调平等，是一个追求平等和正义的传统……最后，当然是中国数千年形成的文明传统，即通常所谓的中国传统文化或儒家文化。"[①] 多个文化传统并存是中国当代社会所特有的基本事实，基于这样的事实，新轴心时代文化的民族性大体上可以展现为四种主要形态：古代优秀的传统文化、儒家文化的现代范型、融入中国文化的西学、中国化的马克思主义。

1. 古代优秀的传统文化是中华文化民族性呈现的第一种形态

中华传统文化是先辈们创造的丰厚遗产，是中华民族对于人

---

① 甘阳：《通三统》，北京：生活·读书·新知三联书店，2007年，第3页。

类的巨大贡献，人们常常冠之以"源远流长、博大精深"八个字。"独具特色的语言文字，浩如烟海的文化典籍，嘉惠世界的科技工艺，精彩纷呈的文学艺术，充满智慧的哲学宗教，完备深刻的道德伦理，共同构成了中国文化的基本内容。"① 相对于文化的具体表现，例如器物、制度、习惯、思想等具体的文化现象，中华文化的基本精神更是以独特的风貌挺立于世界民族之林。积极进取、变化日新的自强不息精神，学以致用、注重实践的实事求是精神，仁者爱人、人道至上的以人为本精神，尽心知性、反身而诚的内在超越精神，自然无为、民胞物与的天人合一精神，等等，形成了中华文化发展的内在思想源泉。"儒家墨家教人能负责，道家使人能外物"；"有儒家墨家的严肃，又有道家的超脱，才真正是从中国的国风养出来的人，才真正是'中国人'"。②

2. 儒家文化的现代范型是中华文化民族性呈现的第二种形态

众所周知，中华传统文化是以儒、释、道为主流的多元一体文化，而在儒、释、道的并存与发展中又以儒家文化为正统。自孔子创始以来，儒学的发展经历了先秦儒学、宋明儒学和现代新儒学三个阶段。尽管"打倒孔家店""摧毁吃人的礼教"等口号十分之响亮并发生着实质的影响，但中国人内心深处所谓"天地君亲师"的影响是久远的。人们相信，尽管儒家文化曾经一度陷

---

① 张岱年、方克立：《中国文化概论》，北京：北京师范大学出版社，2004年，第7页。

② 冯友兰：《新事论：中国到自由之路》，北京：生活・读书・新知三联书店，2007年，第171页。

入困境、"花果飘零",但凭借着内在的"灵根自植"而依然富有勃勃生机。新儒学从 20 世纪 20 年代开始,梁漱溟提出未来的方向不是追随西方,而是传统与现代的结合;冯友兰在艰苦的环境中撰写了《贞元六书》,提出了中国的自由之路;唐君毅、牟宗三、徐复观等海外新儒家出版专著,传道授业,发表《中国文化与世界宣言》;余英时、成中英、杜维明等立足本位、放眼世界,儒家文化获得前所未有的国际视野,新儒学又放异彩。大陆儒学面对新的时局与世局,也不断地开掘和检讨自身的思想内容与价值,从而出现了所谓政治之儒、宗教之儒、制度之儒、哲学之儒、道德之儒、生活之儒等诸种形式,儒家文化的崭新形态精彩纷呈。

3. 融入中国文化的西学是中华文化民族性呈现的第三种形态

清朝统治者出于维护集权统治的心理观念,曾经推行了二百多年的闭关锁国政策,但这并不意味着中华文化对于外来文化的一概拒斥。从文明发展史来看,中华民族既善于发扬本民族的优良传统,也善于学习、借鉴、吸收、融会其他文化的优秀成果。早在东汉初年,佛教经西域传入中国,经年累月最终完成中国化的历程,成为中国文化的重要内容,并且形成了一种具有鲜明中国气象的佛教宗派——禅宗。此后,佛教哲学进一步融入中国哲学,儒、释、道三教合流的宋明理学得以形成。西学融入中国文化的又一经典范例就是五四时期的文化交流。中华民族的先进青年高举"民主"和"科学"的旗帜,积极探索指导中国人民根本摆脱奴役和压迫的科学真理。五四运动的响亮口号是"德先生"

和"赛先生"，其对立面是古代圣贤的说教、传统的专制政体。中华文明具有发达的古代科学，但近代以来系统的实验、实证科学却没有发展起来；古代社会在相当长的时期内奉行"三纲五常"，自由、民主、平等的精神长期缺失。然而五四之后，一切发生了明显的改变，科学与民主的思想在我国占据了主流，成为融入中华文化的新鲜血液，并且得以发扬光大、内在地转化为中华文化的"体"。

4. 中国化的马克思主义是中华文化民族性呈现的第四种形态

马克思主义诞生于 19 世纪的欧洲，但并没有停留于 19 世纪的欧洲。马克思主义以其严密的科学体系揭示了人类历史的发展规律，指明了人类进步、社会发展的前进方向。中国共产党把马克思主义基本原理同中国革命和建设的伟大实践相结合，形成了马克思主义中国化的一系列成果——毛泽东思想、邓小平理论、"三个代表"重要思想、科学发展观，马克思主义在中国大地上焕发出勃勃生机，形成了中国特色社会主义理论体系，开创了中国特色社会主义道路，开启了中华民族的崛起与复兴之路。马克思主义的指导思想与民族复兴的伟大事业相结合，在当代中国人民的伟大实践中，我们不断培育、形成了以改革创新为核心的与时俱进、开拓进取、求真务实、奋勇争先的时代精神。这种时代精神与以爱国主义为核心的团结统一、爱好和平、勤劳勇敢、自强不息的民族精神紧密结合在一起，共同构成了我们时代的民族精神和我们民族的时代精神，成为改革开放和现代化建设的强大精神支撑。民族精神与时代精神的主体都是"我们"——中华民族，文化民族性的精髓就是我们时代应有的民族精神和我们民族应有的时代精神。马克思主义指导思想是社会主义核心价值体系的指导思想，民族精神和时代精神是社会主义核心价值体系的精髓，共同推动着中华民族在新轴心时代的伟大复兴。

四、世界性的眼光和包容的胸怀：文化的普世性

雅斯贝斯的"轴心期"理论向人们展示了古代中国、印度和西方的灿烂文化图景，进一步而言，这一图景同时也展示了文化的民族性、国度性、地域性、差异性和多样性。相对于文化的普世性，文化的民族性和地域性明显地"时间在先"，因为文化总是具体的，它总是以特殊的传统而存在着。但即便如此，各个特殊的文化传统仍然具有许多类似的、相近的、共同的观点、理念和价值，这些类似的、相近的、共同的观点、理念和价值正是文化普世性的根据和资源。当历史的车轮进入新轴心时期，经济全球化、科技一体化、政治国际化，文化真正进入到全球视野、多元互动的时代，"放之四海而皆准"的普世性越来越成为当代文化应有的重要特性。

（一）亨廷顿"普世文明"的含义及其来源

亨廷顿在著名的《文明的冲突与世界秩序的重建》中给出了

"普世文明"的四层含义。第一，他提出的"普世文明"实际上是在所有的社会里人类都具有的某些共同的基本价值，但他认为这一含义既不新鲜也不能解释人类行为变化所构成的历史。第二，"普世文明"一词可以用来指示文明化社会所共有的东西，如城市和识字，这些使它们区别于原始社会和野蛮人，但又认为这是18世纪"普世文明"的独特含义。第三，"普世文明"一词可以指西方文明中许多人和其他文明中的一些人目前所持有的假定、价值和主张，即达沃斯文化，但他认为这仅仅是极少数人所有的精英文化。第四，西方消费模式和大众文化在全世界的传播正在创造一个普世文明，但他又认为这种普世文明只是昙花一现的时尚。

亨廷顿在阐释了"普世文明"的四层含义后，接着就阐述了"普世文明"的来源，在本质上指出普世文明的概念是西方文化的独特产物。如果说在19世纪，"白人的责任"的思想有助于为西方扩大对非西方社会的政治经济统治做辩护，那么20世纪末，普世文明的概念则有助于为西方对其他社会的文化统治和那些模仿西方的实践和体制的需要作辩护。因此，普世主义是西方对付非西方社会的意识形态。[①] 可以清楚地看到，这里所谓的普世文明乃是特定的历史条件和社会制度下的产物，当代西方的民主、自由、人权等价值观念仍然是特殊的、区域性文化体系之价值所

---

① ［美］亨廷顿：《文明的冲突与世界秩序的重建》，周琪等译，北京：新华出版社，2002年，第42-56页。

在。尽管这样的"普世文明"看上去很美,但实际上潜伏着深刻的"文化自大"意识,亦即只有这样的文化具有如此强大的普遍表述水平,而其他文化即便博大精深、源远流长、兼容并包,也不足以产生出普遍性的理念与价值。

由于深刻地认识到西方"普世文明"被无限放大的超强能力,人们开始称呼西方社会是一个"说教型"社会,而中国社会则是一个"学习型"社会。在这样一个"学习型"的社会环境中,凭依自身文化所具有的普世性思想资源和成果,凭依自身深刻而强大的"兼收并蓄"的能力,凭依置身于"全球视野"的新轴心时代,当代中国的文化建设完全能够具有世界性的眼光和包容的胸怀,从而使中国文化愈发具有普世性的特质。文化的核心和灵魂是价值,价值原则、价值规范、价值理想是一种文化的精神气质,普世性的文化必然具有普世的价值原则、价值规范和价值理想。比照所谓民主、自由、人权等普世价值,中国文化的普世性价值可以凝练为文明、幸福、和谐等价值原则和理想。

(二)中国文化普世性的关键词

1. "文明"是中国文化普世性的第一个关键词

"文明"之所以能够成为一种普世价值,首先是取决于其词源上的古老特性。在中国语言系统中,《易·乾·文言》中已经出现"见龙在田,天下文明",《易·贲·彖》中也有"文明以止,人文也"的经典提法;唐人孔颖达在疏解《尚书·舜典》

"睿智文明"时更加明确提出了"经天纬地曰文，照临四方曰明"。可以看到，"文明"一词在中国语言文化中不仅产生较早，而且具有深刻而丰富的涵义，具有鲜明的共通性和包容性。汉语中的"文明"是从人类的物质创造扩展到精神的光明普照大地，因而可以成为中华文化的普世价值所在。而英语 civilization 一词，由拉丁文 civie 转化而来，原义指市民之事，本与法律政治相关，涵义相对狭窄。长期以来，人们在使用"文明"概念时，其内涵、外延相差甚远。汉语"文明"是指一种先进的社会文化发展状态，涵盖了民族意识、技术水准、礼仪规范、宗教思想、风俗习惯以及科学知识的发展等等，因而具有更强的包容性，更能彰显一种文化的普世性。在这样的意义上，所谓的民主、自由、人权可以被视为人类在漫长的历史进程中共同创造的文明成果，是随着社会历史的发展而逐渐产生的，又在具体的历史阶段中被赋予了不同的内容，因而可以被视为包容在"文明"中的下位概念。中华"文明"的普世价值曾在 2008 年北京奥运会华丽呈现。《我和你》是北京奥运会开幕式的主题曲，中文歌词为："我和你，心连心，同住地球村。为梦想，千里行，相会在北京。来吧！朋友，伸出你的手。我和你，心连心，永远一家人。"歌词看起来极其简单，中文部分只有 42 个字，但是可以发现"心连心""地球村""一家人"所构建的"文明"早已超越了自由、民主、人权的狭隘内容，是一种更高水平的普世价值。

2. "幸福"是中国文化普世性的第二个关键词

中国原始文化典籍中并未出现"幸福"一词，但这并不意味着中华文化中"幸福"的缺失。人生哲学是中国文化的重要主题，它以自己的语言和方式对人生幸福进行了深入的探讨。早在《易经》的卦爻辞中已经出现了"元""亨""利""贞""吉""喜""福"等诸多有关"幸福"的概念，在《尚书》中已经有明确的"五福"："寿、富、康宁、考终命、攸好德"，在《诗经》中"福""乐""祜""祉"等语词也是频繁出现。而儒家传统幸福观更是展现了对"孔颜之乐"的价值选择、对君子圣人的人格向往、对"与天地参"的境界追求，其中还蕴含着融合德性幸福与功利幸福、个体幸福与社会幸福、实现幸福与享受幸福、幸福生活与幸福境界等方面的致思，为提升和改善现代文明中的社会生活提供了富有启示的思想资源。① 在当代中国社会，科学发展观的核心就是以人为本，在推动经济社会全面进步中促进人的全面发展；社会主义核心价值体系在本质上规定了以人为本的幸福观，"人民生活得更加幸福"上升为国家和全民意志。就以2010 年为例，"幸福"构成文艺圈的热点。

电视剧《幸福一定强》《老大的幸福》《老马家的幸福往事》，江苏卫视的《幸福晚点名》、东方卫视的《幸福魔方》，纪录片《幸福在2010》等等均一度引发收视热潮；白岩松的新书

---

① 张方玉：《生活何以更加幸福：儒家传统幸福观及其现代启示》，《道德与文明》2010 第 5 期。

《幸福了吗》直言"幸福成了眼下最大问题的同时，也成了未来最重要的目标"；"Better City，Better Life"是 2010 上海世博会主题"城市，让生活更美好"的英文写法，"Better Life"直接映射出当代主流意识的关切所在。幸福是人类的永恒追求，世界上的每一个民族都在始终不渝地以自己独特的方式追求着自己的幸福，"幸福"当是中国文化所要隆重呈现的普世价值。

3. "和谐"是中国文化普世性的第三个关键词

文明世界多样性是人类社会的基本特征，差异多样和多元竞争构成了人类文明进步的重要动力。然而文化的对话和交流从来都不是一帆风顺的，各种各样的疑虑、隔阂、纷争和冲突从未休止，人类文明的灾难和悲剧总在不断地发生。在新轴心时代，人与自然的价值冲突、人与社会的价值冲突、人与人的价值冲突、人与心灵的价值冲突、人与文明的价值冲突等等，仍然可能造成人类社会的各种危机。面对文明的悲剧、价值的冲突、社会的危机，中国文化中的"和谐"理念越来越引起世界的关注。胡锦涛在《努力建立持久和平、共同繁荣的和谐世界》中提出"坚持包容精神，共建和谐世界"的设想，提出以平等开放的精神，维护文明的多样性，促进国际关系民主化，协力构建各种文明兼容并蓄的和谐世界。中华文化蕴含着丰富的"和谐"思想资源。"夫和实生物，同则不继。以他平他谓之和，故能丰长而物归之；若以同裨同，尽乃弃矣。"（《国语·郑语》）"万物并育而不相害，道并行而不相悖，小德川流，大德敦化，此天地之所以为大也。"

(《中庸》）这些深刻反映出天地人生的基本原理，是"和谐"理念最为经典的哲学表述，它为世界多元文化在竞争比较中取长补短、在求同存异中共同发展展现了高屋建瓴的精神视域。展望和谐精神的前景，"各美其美、美人之美、美美与共、天下大同"将可能是人类文化历程的自觉概括。"各美其美"就是不同文化中的不同人群对自己传统的欣赏。这是处于分散、孤立状态中的人群所必然具有的文化心理状态。"美人之美"就是要求合作共存时必须具备的对不同文化的相互态度。"美美与共"就是在"天下大同"的世界里，不同人群在人文价值上取得共识以促使不同的人文类型和平共处和发展。①"和谐"理念将会使人类更加和睦，让世界文化更加丰富多彩。

综上所述，当代中国的文化建设不仅需要满腔的热情和伟大的使命感，而且要自觉认识、科学把握新时期文化发展的特性与规律。处于崭新的"轴心时代"，中国文化建设需要坚持先进文化的前进方向，先进性成为注目的焦点；需要面向全球化和市场化的时代背景，现代性成为注目的焦点；需要立足中华民族的传统与现实，民族性成为注目的焦点；需要具有世界性的眼光和包容的胸怀，普世性成为注目的焦点。社会主义核心价值体系所呈现的先进性、全球化与市场化所呈现的现代性、中华传统与现实相结合的四种形态所呈现的民族性、"文明""幸福""和谐"等理念所呈现的普世性，这便是新轴心时代中国文化所应有的特性。

---

① 费孝通：《文化的生与死》，上海：上海人民出版社，2009年，第210页。

学习思考：

1. 中国文化普世性的关键词是哪些？

2. 新轴心时代中华文化民族性的形态有哪些？

专题六　中华文化在全球战"疫"中的贡献

辛宝海　曲阜师范大学马克思主义学院副教授

【教学导引】

授课对象：大学二年级、三年级各专业学生

学时安排：2 学时

板书设计：多媒体课件与教师黑板辅助性板书结合

教学方法：教师体系讲授、视频、案例分析、课堂讨论结合

教学目的：引领帮助大学生认识新型冠状病毒给全球带来的灾难，认识我国党和政府在应对疫情中"人民至上"的情怀，认识中国政府对全球抗击疫情做出的贡献，认识中华传统文化在抗击疫情中发挥的各种功能。

教学要点：新型冠状病毒给全球带来的灾难，中国党和政府抗击疫情的文化底蕴，中国政府对世界人民抗击疫情做出的贡献。

同学们：

2020 年春节前夕，一场突如其来的新型冠状病毒席卷全球，

其涉及范围之广、影响人群之广泛、感染人群之庞大等特点，掀起了一场没有硝烟的战争，严重影响了社会成员正常的生产和生活，威胁着人们的身体健康和生命安全。中华文化在抗击新冠肺炎疫情过程中发挥了重要作用，习近平总书记曾指出，"中国优秀传统文化中蕴藏着解决当代人类面临的难题的重要启示"。① 新冠肺炎疫情的不断蔓延，促使人们挖掘中华文化，重视中华文化的作用。那么，中华文化对全球抗击疫情做出哪些贡献，本次课我想从四个方面给大家做一个交流。

一、中华医药——不教性命属乾坤

中医药学是中华民族与疾病在数千年的斗争中反复实践并总结出的智慧结晶，是中华民族行医者不断探索、逐渐形成的科学认识，是几千年沉淀下来的中国文化精髓，是打开中华文明宝库的一把钥匙。在科技发达的今天，医学快速发展，中医药文化却长期以来一直没有受到足够的重视，没有得到很好的传承。缺失中医文化自信，中医药教育犹如无根之木、无源之水。中医一直受到各种质疑，内因源于文化断层，进而产生各种文化怀疑，文化认同感降低，外部又受到现代科学观念和科学方法的冲击。在抗击疫情中，因中医的辩证施策、明显疗效引起公众重视与媒体

---

① 习近平：《在纪念孔子诞辰 2565 周年国际学术研讨会暨国际儒学联合会第五届会员大会开幕会上的讲话》，北京：人民出版社，2014 年。

宣传，社会重新客观审视了中医文化。

中医最早的经典著作《黄帝内经》

《黄帝内经》是中国最早的典籍之一，也是中国传统医学四大经典之首。《黄帝内经》奠定了人体生理、病理、诊断以及治疗的认识基础，是中国影响极大的一部医学著作，被称为医之始祖。《黄帝内经》认为，"上医治未病""不治已病治未病"。这是说，假如一个人的肝脏出了问题，不要只盲目地治疗肝脏，还要从其他未生病的脏器着手。肝属木，肾属水，水生木，心属火，木生火，所以也要从肾脏和心脏上着手治疗。疫情防控中，防治结合并提供完善的健康服务才能筑牢全民健康安全防线。习近平总书记指出，要坚持正确的卫生与健康工作方针，预防为主，中西医并重，要倡导健康文明的生活方式，树立大卫生、大健康的观念，把以治病为中心转变为以人民健康为中心，建立健全健康教育体系。

中西医结合，中西医并重

习近平总书记在北京市调研指导新型冠状病毒性肺炎疫情防控工作时强调，要加强医疗救治，继续巩固成果，坚持中西医并重。张伯礼院士也强调在防治新冠肺炎中，我们仍然要坚持中西医结合、中西医并重。《诊疗方案》起草组副组长张忠德认为，"中医参与的独特诊疗方案，是中国抗击疫情的优势所在"。截至目前，中国已向意大利、荷兰等120个国家和组织提供中医药援助，中医药走出了国门，让世界进一步了解了中医。中医药在此次疫情中展现的强大力量彰显了泱泱大国文化与科技的双重实力，再次触碰了中华儿女内心的文化基因以及强烈的民族自豪感。中医药振兴发展迎来天时、地利、人和的大好时机，必须把握机遇，深化中医药教育综合改革，加快中医药人才培育，全面提高中医药人才培养质量，创新中医人才培养模式，推进中医药现代化，推动中医药走向世界。

二、人民至上——治国有常民为本

中华文明绵延至今，其中最可贵的精神莫过于以人为本，中国先贤提倡"民为贵，社稷次之"。① 此次疫情，面对生命第一抑或经济至上的矛盾，中国共产党始终坚持以人民为中心，坚持全心全意为人民服务，这是抗击疫情的核心和第一理念。习近平总书记曾多次强调"把人民群众生命安全和身体健康放在第一位"，② 并切实将其贯穿于中国抗"疫"行动的全过程。

（一）为感染患者架起生命长桥

疫情就是命令，时间就是生命。在抗击疫情的整个过程中，全国人民齐心协力，抢速度、抓时间、建医院，千方百计地降低

---

① 《孟子·尽心章句上》，北京：中华书局，2015 年。
② 习近平：《要把人民群众生命安全和身体健康放在第一位 坚决遏制疫情蔓延势头》，《人民日报》，2020 年 1 月 21 日。

感染率、病死率，提高治愈率。正所谓"老吾老以及人之老，幼吾幼以及人之幼"，① 上至 108 岁的老人，下至刚出生 30 个小时的婴儿，我们不抛弃任何一名患者，更不放弃一丝希望。确诊的重症患者治疗费用极其昂贵，少数危重症患者治疗费用达到几十万甚至百万以上，为保障老人、贫困家庭等弱势群体接受治疗，国家不惜代价，除医疗保险给予报销外，个人负担费用由国家财政补助，正是这种不离不弃、竭尽全力、"应收尽收，应治尽治"，创造了一个又一个生命奇迹。

（二）为困难人群提供人文关怀

此外，疫情期间，国家、各省市、自治区出台的一系列政策为抗"疫"提供了更多有力支撑。各省、市、自治区依据当地具体情况出台的地方政策，鼓励出租人减免经营者的租金，并对减免租金的业主给予适度财政补贴；2020 年 2 月 25 日，国务院常务会议决定对符合条件、资金流动性遇到暂时困难的中小微企业给予临时性延期还本付息安排，增加再贷款、再贴现额度 5000 亿元，加大对中小微企业信贷支持；2 月 26 日，国务院联防联控机制召开新闻发布会，提出对疫情防控期间住宿餐饮企业等生活服务收入免征增值税、对湖北省的企业免征 2—6 月养老、失业、工伤保险费等措施；2 月 1 日，中国人民银行财政部等五部门联合做出进一步强化金融支持防控新型冠状病毒感染肺炎疫情通知，

---

① 《孟子·梁惠王上》，北京：中华书局，2015 年。

明确规定对于因病毒感染住院隔离治疗、疫情防控参加人员以及因疫情影响导致无收入的人群，金融机构在信贷政策上予以适当倾斜，合理延后还款期限，因疫情影响未能及时还款的相关逾期贷款记录可以不做报送，这为受疫情影响而无法还房贷、车贷的广大人民群众解决了后顾之忧。与此同时，政府加强对人民群众的心理辅导，把疫情防控和人文关怀统一起来，以促进民众的身心健康，提高民众的生活质量。

（三）为滞留华人撑起"保护伞"

针对我国公民在外滞留的问题，驻外使领馆敦促有关国家政府切实重视解决好中国公民在当地健康和安全方面的问题，并积极联系有关航空公司，安排滞留中国公民回国。

《尚书》强调，"民惟邦本，本固邦宁"，① 治国有常民为本，今天，中国国内疫情能够得到快速有效控制，正是中国共产党以人民为中心的结果，人民至上是这场疫情防控始终秉持的价值理念。

三、家国情怀——苟利国家生死以

中国精神是凝心聚力的兴国之魂、强国之魂，以爱国主义为核心的民族精神，是中华民族世世代代、生生不息的力量源泉。

---

① 《尚书》，北京：中华书局，2012 年。

一首脍炙人口的歌曲《国家》中写道"家是最小国，国是千万家……有了强的国，才有富的家"，习近平总书记曾说："国家好，民族好，大家才会好。"① 外交部发言人华春莹表示："舍小家为大家、先国家后个人，从来都是中华文化的核心基因和中华民族的精神标识。"② 抗击疫情中，"天下兴亡，匹夫有责"，③ "苟利国家生死以，岂因祸福避趋之"被展现得淋漓尽致。

（一）逆流而上，筑牢"钢铁防线"

突如其来的疫情打乱了人们的正常生活，生死安危直逼眼前，来自全国各地的医护人员写下请战书，主动要求快速驰援武汉，坚守一线，义无反顾地成为"最美逆行者"，他们不论生死，不计报酬，毅然决然冲上战场，一起为百姓筑起一道道安全"防疫墙"。84 岁高龄的钟南山，本该安享晚年，却毅然再次担起重任，逆流而上，带领医护人员"冲锋陷阵"；正是青春少女、风华绝代之时，多名 90 后美女护士剃光秀发，只为轻装上阵，心无旁骛投入救治工作；感染性医疗废物处理人员是除了一线医务工作者之外离传染源最近的群体之一，为防止出现二次感染，他们冒着生命危险对医疗垃圾进行应急处理和杀菌消毒；更是有许多医护人员在抗击疫情中感染牺牲……他们的身上都体现着"士不可以

---

① 《国家好 民族好 大家才会好——学习贯彻总书记重要讲话系列述评之三》，《光明日报》，2012 年 12 月 4 日
② 曹斌：《四大精神法宝昭示人民战"疫"必胜》，《榆林日报》，2020 年 3 月 26 日。
③ 顾炎武：《日知录集释》，杭州：浙江古籍出版社，2013 年。

不弘毅""仁以为己任"① 的中国之"士"的精神。"苟利国家生死以，岂因祸福避趋之"，他们用中国力量筑牢控制疫情蔓延的"钢铁防线"，他们用中国速度为世界防疫争取了宝贵时间，他们用自己的血肉之躯守护着百姓的生命安全，他们用大爱书写着医者仁心、家国情怀。

（二）众志成城，造就"中国速度"

为了打赢湖北保卫战，约 4 万名建设者从八方赶来，并肩奋战，抢建火神山和雷神山医院。时间紧、任务重、人员物资有限、参与单位众多，如何协同作战成为中国建筑集团的一个挑战，他们将每一步施工计划精确到小时乃至分钟，运用大量 BIM 建模、智慧建造等前沿技术，确保规划设计、方案编制等能够无缝衔接、同步推进。建设者们连夜施工，与病毒竞速，不畏风险、克服困难，历经十余天建成两座医院。"积土而为山，积水而为海"，②正是这种众志成城、团结一心的精神使世界为"中国速度"点赞。

（三）无私奉献，保障物资供给

防控疫情，控制传染源，减少感染人员，防护用品凸显出重要作用。时之所需，必有所为，一时间内，社会各界企业、全国

---

① 《论语·泰伯章》，北京：中国文联出版社，2016 年。
② 《荀子·儒效》，北京：中华书局，2015 年。

各地爱心人士纷纷捐助物资，助力疫情防控，用实际行动履行社会责任。全国多地口罩生产企业在疫情期间放弃休假，加班加点生产，全力保障疫情期间的物资供给；正是一罩难求的时候，汽车企业跨界做口罩，仅用 76 小时就完成了 10 天的工作量，"人民需要什么，五菱就造什么！"响亮的口号，迅捷的行动，被央视点赞中国速度；疫情暴发后，快递小哥成了穿梭在城市各个角落最忙碌的身影，除了配送平日的生鲜蔬菜等物资以外，医用物资也成了快递小哥的配送物品，工作人员对其进行特殊标记，然后优先配送，确保客户在疫情期间的使用需求；海外华人纷纷捐款捐物……"只要防控一线需要，还将继续捐赠，为早日战胜疫情做出应有贡献"，除了物资捐助，一句句暖心的话语让人心贴得更近了。

（四）风雨同舟，丰富居民"菜篮子"

一方有难，八方支援。疫情发生在春节期间，大规模地人口聚集和流动只会加剧疫情，人们自觉在家进行隔离，默默为祖国做贡献。但是对于疫情极度严重的武汉地区来说，封城导致交通出行受阻，蔬菜运不进城内，饮食成了最大的问题。此时，全国驰援，供蔬菜、运米面、送粮油等，确保了疫情期间严重地区的居民有饭吃，基本生活不受大的影响。

（五）温情服务，筑牢基础"防疫墙"

疫情期间，基层党组织和众多志愿者主动承担疫情防控工作，自觉做好安全防护措施，认真做好卫生检疫、应急处置等工作，带头站在防控疫情斗争第一线，进行分发物资、分发宣传资料、设点登记、体温检测等志愿服务。此外，教工支部党员积极落实"停课不停学，停课不停教"的工作要求，有序开展教学活动，确保防控、教育"两不误"。

"山河破碎风飘絮，身世浮沉雨打萍。"个人的发展与国家的前途是相依共存的。面对疫情，医护人员的奋勇向前，"逆行者"的坚定无畏，共产党员的冲锋陷阵，志愿者的大爱无私，普通民众的大力支持，这就是中华文化的力量，这是中国精神的集中缩影。

四、和合天下——构建人类命运共同体

"和"是中华优秀传统文化最深沉、最厚重、最本质的思想资源。孔子从治国理政视角突出"和"的优势，提出"和合天下"思想，认为"和"是国家长治久安、百姓安康的理想状态；孟子从共同体视域突出人"和"的作用，提出"天时不如地利，地利不如人和"，认为人"和"是应该奋力追求的境界，能够克敌制胜；荀子从处理社会关系角度彰显"和"的意蕴，提出"和则一、一则多力、多力则强"，认为"和"是国家、社会、家庭、个人关系融洽的目标，只有彼此和谐相处才能达成共识。儒家以"和为贵"的思想，深深影响着中华民族战胜困难的思想和行动，

以期能够最大限度求同存异、化异为同，凝聚团结奋战、全力以赴的磅礴伟力，凸显了"和合"的精神属性。

千百年来，"和"以其相辅相成、相互促进、相得益彰的天然基因，形成不屈不挠、果敢坚毅、永不放弃的合力与行动。中国共产党成立以来，始终继承"和"的要义，增强各党派、各团体、各民族、各阶层以及各方面的大团结，团结带领全国各族人民战胜了一个又一个艰难险阻，创造了一个又一个彪炳史册的人间奇迹，中华民族迎来了从站起来、富起来到强起来的伟大飞跃，充分展现了中国人民团结一心、敢于拼搏、勇于胜利的精神风貌。共同目标激发同心同向，整体利益统合各方利益。习近平总书记指出，共产党人没有自己的私人利益，追求的是共产主义远大理想和中国特色社会主义共同理想，追求的是中华民族伟大复兴。中国人民认定中国共产党是自己利益的忠实代表，愿意跟着中国共产党走。各民主党派虽然来自不同界别，但都追求国家发展、民族进步。正因如此，中国共产党领导的多党合作和政治协商制度具有坚实的政治基础、思想基础和情感基础。特别是实现中华民族伟大复兴中国梦的提出，极大激发了各民主党派与中国共产党同心同德、同心同向、同心同行的动力。

当前，面对新冠肺炎疫情防控，习近平总书记亲自指挥、亲自部署，为疫情防控工作指明了方向，各级党委政府、各个地区部门、各级领导干部、广大党员和全军全面落实，砥砺奋进，用行动在实和细上下功夫，为打赢疫情防控阻击战聚合力量。这一切都说明，"不同"是中华优秀传统文化的外在表现，是现代社会多元发展的积极呈现。中华优秀传统文化溯源世间万物至理终在多样性融合中彰显核心价值，在承认和尊重差异的基础上寻求最大公约数、凝聚最大共识。孔子的思想"君子和而不同，小人同而不和"强调的不是不要不同，而是要尊重不同，这种承认差异性、认同多样性，正是坚守文化多样性的正确回应。中华优秀传统文化的这种"和而不同""多元一体"的社会发展理念，成为"同心"内涵中不可缺少、璀璨夺目的文化符号，铸就了"聚细流成江河"和构建人类命运共同体的不竭动力。面对肆意横行的疫情，中国第一时间行动起来，采取了最严格的防控举措，为全球抗击疫情争取了宝贵的时间，赢得了世界的赞誉。中国为全世界抗击疫情做出了示范体现了担当、展现了自信，贡献了中国智慧和中国力量。人类生活在同一个地球村里，每个国家、每个民族的前途命运紧密联系在一起，人类命运共同体是一个历史和现实交汇的统一时空，在疫情面前显得更为突出和实在。

"这个世界，各国相互联系、相互依存的程度空前加深，人类生活在同一个地球村里，生活在历史和现实交汇的同一个时空里，越来越成为你中有我、我中有你的命运共同体。"① 全球化时代，世界各国命运与共、休戚相关，一荣俱荣，一损俱损。新冠肺炎疫情在全球蔓延，关乎人民生命安全，世界多国形势紧张，没有任何一个国家能够独善其身。习近平曾指出，"人类是一个

---

① 习近平：《习近平新时代中国特色社会主义思想三十讲》，学习出版社，2018 年。

命运共同体，战胜关乎各国人民安危的疫病，团结合作是最有力的武器"。① 中华优秀传统文化中有着"天下大同"的崇高理想，强调"四海之内皆兄弟"，这与习近平总书记倡导的构建人类命运共同体的理念是相通的。习近平总书记在复信世界卫生组织总干事谭德赛中指出，"新冠肺炎疫情再次表明，人类是一个休戚与共的命运共同体。国际社会应该守望相助、同舟共济"。②

疫情发生以来，中国努力同疫情做顽强斗争，通过坚决有力的防控措施，将大量病例和不幸死亡者的绝对多数控制在中国范围内，为世界赢得了窗口期。疫情暴发初期，中国及时向世界卫生组织通报疫情，第一时间公开病毒基因序列。在全球疫情暴发之际，中国真诚感谢国际社会的援助，同时，中国秉持负责任的大国形象，愿与各国饮水思源，投桃报李。在我国疫情全面暴发、物资极度缺乏之际，包括印尼在内的周边国家给予我们宝贵支持；日本在第一时间向中国伸出了援手，涵盖日本 11 个县市企业和民间团体向中国捐赠数吨口罩、防护服等救援物资，在日本援华物资的纸箱上写着"山川异域，风月同天"，援助之情，中国人民铭记在心，在日本疫情加重急需物资之时，中国十倍回赠，在无锡回赠给日本的口罩包装箱上写着"一衣带水，源远流长"；意大利疫情十分严峻，第一时间向中国求援，而我国在自身医疗设

---

① 《战胜关乎各国人民安危的疫病 团结合作是最有力的武器》，《济南日报》，2020 年 2 月 23 日。
② 《汇聚战胜疫情的全球合力》，《人民日报》，2020 年 4 月 10 日。

施不富裕的情况下，毫不犹豫地向意大利伸出了援助之手，为其提供力所能及的帮助；我国一贯支持世卫组织在国际抗击疫情方面发挥领导作用，向世卫组织提供 2000 万美元捐款，并将继续向世卫组织提供力所能及的支持和帮助……中国加紧复工复产，提高医疗防护物资产能，加强质量监督，为全球 120 个国家和 4 个国际组织提供尽可能多的物资保障。同时，中国多次呼吁抗击疫情的关键是团结合作，并积极主动同世界各国进行信息交流、分享中国抗"疫"经验，同多国合作开展药物和疫苗联合研发，同 100 多个国家和国际组织举行专家视频会议，向伊朗、伊拉克、塞尔维亚、巴基斯坦等国派遣医疗专家组……

病毒没有国界，疫情不分种族。此次疫情让我们看到，中国人敢提中国之方案，承中国之担当，倡导世界各国休戚与共，放弃对抗，坚持"天下大同"和"人类命运共同体"的理念，凸显了中华之智慧禀赋、价值观念、道德精髓、天下情怀。

疫情虽然凶猛，但是只要坚持科学的态度和方法就能战胜它。"方舱谢幕""武汉解封""本土无新增"等一系列向好的形势，再度向世界证明疫情是可知可防可控的，是可以被世界人民一道战胜的。疫情对世界和人民来说是一次大的灾难，但是也给我们带来了宝贵的经验和教训。当前这场抗击新冠肺炎疫情的阻击战，不亚于一场战役，中国因为应对及时，策略方法正确，措施得当，在最短的时间内动员了一切可以支配的社会力量，首先取得了抗击疫情的阶段性胜利。这场疫情防控战，是继抗击"非典"、驰援汶川、玉树以来再一次的大考。"上下一心，众志成城"是这场疫情防控阻击战、总体战、人民战的生动写照。中国作为负责任大国，先后多次以派遣专家组、提供医疗物资、共享抗疫经验等方式积极援助他国抗疫，体现了大国担当。多国元首政要点赞"中国担当"，对中国分享经验促进抗疫国际合作表示感谢。塞尔维亚总统亲迎中国援助医疗队，当场亲吻五星红旗。阿尔巴尼亚驻华大使贝洛尔塔亚表示："在做好本国防控工作的同时，中国始终同世界携手抗击疫情，为世界抗疫赢得了时间，也为全球抗疫树立了典范。"① 这些都体现出中华文化在全球抗疫中的巨大贡献。

多难兴邦，中华民族从来没有在种种考验面前沉沦和屈服，反而在百折不挠的奋斗中奋起，这场疫情只是在实现中华民族伟大复兴道路上的一次波折，而正是这场波折，让我们看到了中华文化经久不衰的灿烂光芒和战胜艰难险阻的强大力量。中国会与世界各国共同在战胜疫情的过程中与时俱进地完善治理体系、提升治理能力，以开放的态度同心合力抗击疫情并赢得最终的胜利，共同呵护好并建设好人类荣损与共的地球村。

学习思考：

1. 疫情给全球带来的影响是什么？

2. 中华文化对全球抗击疫情做出的贡献是什么？

---

① 《国际社会高度评价中国积极开展抗疫国际合作》，《人民日报》，2020 年 3 月 30 日。

专题七 铭记初心使命 做新时代不懈奋斗者

肖芳 曲阜师范大学马克思主义学院副教授

【教学导引】

授课对象：大学二年级、三年级各专业学生

学时安排：2 学时

板书设计：多媒体课件与教师黑板辅助性板书结合

教学方法：教师体系讲授、视频、案例分析、课堂讨论结合

教学目的：引领帮助大学生认识我们奋斗的历史方位，有能力有勇气向历史虚无主义、文化虚无主义思潮亮剑，坚定文化自信，做新时代不懈的奋斗者。

教学要点：新时代中国所处的历史方位，历史虚无主义思潮的危害，坚定文化自信，反对历史虚无主义。

同学们：

1949 年 3 月，中共中央从西柏坡动身前往北京之时，毛泽东

不无忧虑地跟周恩来讲："我们这是在进京赶考，而且一定要考好，千万不能当李自成啊。"六十七年后，习近平总书记在2016年"七一讲话"中，再次提及"进京赶考"这一命题，并语重心长地告诫全党：六十多年的实践证明，我们党在这场历史性的考试中取得了优异成绩，但这场考试还没有结束，还在继续。

那么，我们该如何应对一直在路上的"进京赶考"？又如何避免李自成式的厄运？习近平总书记给出了八个字——不忘初心、牢记使命。作为新时代的大学生，我们如何做到不忘初心、牢记使命？2018年5月2日，习近平总书记在北京大学师生座谈会上用"追梦需要激情和理想，圆梦需要奋斗和奉献"来勉励广大青年学子做新时代的奋斗者。

本次课，我将围绕着"铭记初心使命，做新时代的不懈奋斗者"这一主题，与同学们作一番交流。分三个小问题。

一、奋斗之基——我们奋斗的历史方位

2018年夏天，有一部非常火的电影——《战狼2》，我想大家可能都看过。里面有很多震撼人心的镜头，其中一个画面大家一定都相当熟悉：当吴京高高扬起中华人民共和国国旗的时候，交战正酣的双方都立刻停止了射击。为什么？为什么他们看到中国的国旗就不再伤害中国人？理由很简单，中国强大了，有能力保护我们的公民了。就像电影片尾中中国护照上的这句话："中

华人民共和国公民：当你在海外遭遇危险，不要放弃！请记住，在你身后，有一个强大的祖国！"所以，今天的中国，已经不是一百多年前任人宰割的羔羊了，我们已经进入了一个前所未有的新时代，这个新时代就是习近平主席所讲："我们前所未有地靠近世界舞台中心，前所未有地接近实现中华民族伟大复兴的目标，前所未有地具有实现这个目标的能力和信心。"所以，我们从这三个层面来解读一下新时代。

（一）横向坐标上：前所未有地靠近世界舞台中心

在横向的世界坐标上，中国处在什么位置呢？我们的判断是，中国正前所未有地靠近世界舞台中心。那么，我们判断的依据是什么呢？大家先来看一张中国的 GDP 在世界排名的变化图，从这张图中，大家看出了什么？

大家看幻灯片示意图，从红色的箭头大家可以看出，中国的 GDP 排名不断上升，到 2010 年中国的 GDP 就位居世界第二了，2019 年中国的 GDP 已经占世界经济总量的 16% 了。从 2013 年到 2019 年，中国对世界经济增长的平均贡献率达到 30% 以上。这是什么概念呢？这就意味着超过美国、欧元区和日本贡献率的总和，而居世界第一。从这些数据中大家可以看到中国前所未有地靠近世界经济舞台的中心。

我们还看到，从北京 APEC 会议到 G20 杭州峰会，从"一带一路"国际合作高峰论坛到刚刚召开的金砖国家领导人会晤，中国在全球治理中一步步走近世界舞台的中心。中国声音、中国智慧、中国方案在源源不断地走向世界，这是我们判断当前中国前所未有地靠近世界舞台中心的依据。

那么，这样一个坐标定位对中国而言意味着什么呢？意味着机遇，意味着我们可以在更大程度上汇聚全球资源，提升国际影响力。当然，也意味着责任和挑战，中国需要担负起引领世界发展的重任，比如全球化。全球化从过去四十年发展到今天，正经历着最困难的时刻，诸如英国脱欧、欧美国家都对全球化充满了抵制和反对的情绪、美国总统特朗普奉行的"美国第一"的外交政策等。由此，引发了人们的担忧，人们担心全球化会后退，会逆转。就在这个时候，习近平主席在达沃斯论坛上提出，经济全球化是历史发展的必然趋势，全球化符合全人类的根本利益。在全球化最困难的时刻，谁站出来了呢？中国站了出来，而且还为破解全球化困局提出了中国智慧和中国方案。习近平主席提出的"一带一路"倡议得到了许多国家的支持。与此同时，我国的安全和发展早已和外部世界紧密地联系在一起，在东非难民营渴望的眼神面前、在海滩遇难的叙利亚儿童照片面前、在巴黎恐怖袭击事件亲历者的悲伤面前、在 2020 年全球抗击新冠病毒疫情面前……中国与世界同舟共济，命运与共，这就是中国的担当与责任。

另外，中国在前所未有地靠近世界舞台中心的同时，还面临着一系列的风险和挑战，也就是习近平主席在多个场合提到的中国发展要警惕"修昔底德陷阱"。中国的崛起，让很多国家感到焦虑不安。所以，他们不希望中国强大。由此，我们看到美国、欧盟不断地给我们施加压力，更不要说日本直接和我们叫板，就连印度、越南、韩国也不能以平和的、理性的心态看待中国的发展。尤其是韩国在美国的敦促下马不停蹄地部署萨德，萨德系统安装意味着美国可以监视到中国的大部分领土，对中国的安全环境来说，这是个极大的威胁。这些挑战都需要我们有效应对，正像习近平主席所说：我们不惹事，但也不怕事，中国绝不走"国强必霸"的道路，但中国也再不能重复鸦片战争以后的历史悲剧。我们要做"世界和平的建设者、全球发展的贡献者、国际秩序的维护者"——这就是今天中国在全球的定位。

（二）纵向坐标：前所未有地接近民族伟大复兴的目标

我们来看一下在纵向历史坐标上，近日之中国处在什么位置。我们的判断是中国正前所未有地接近实现中华民族伟大复兴的目标。要正确把握这一坐标定位，首先必须明确什么是中华民族伟大复兴，能不能把它理解成要恢复到一两千年前的所谓"汉唐盛世"。这肯定是不行的，历史不能也不允许倒退。那"实现中华民族的伟大复兴"是不是要恢复古代中国鼎盛时期的疆域版图？也不是，我们始终坚持走和平发展道路，决不称霸。

为什么说今天的中国前所未有地接近实现中华民族伟大复兴的目标？我们要以大历史观看中国。今天的中国是从哪里来的？

我们从中华民族五千多年、社会主义五百多年的历史中走来。经过鸦片战争以来一百七十多年的持续奋斗、中国共产党九十多年的奋斗、中华人民共和国六十多年的发展、改革开放四十多年的探索，中华民族实现了从站起来、富起来到强起来的历史性飞跃。这些历史是一脉相承、不可割裂的。与前四十年比、与辛亥革命以来百年历史比、与五千多年中华民族的历史相比，你不能不承认近四十年是中国历史上发展速度最快、经济最繁荣、政治最民主、社会最和谐的历史时期。所以，今天的中国前所未有地接近实现中华民族伟大复兴的目标，这是我们对中国所处历史坐标的判断。

当然，对于这样一个历史坐标我们要清醒地意识到：离目标越近，挑战越多越大越严峻——就像中央文件里反复强调的，中国的改革进入了攻坚期和深水区。不知大家是否思考过这样两个概念，什么叫攻坚期和深水区。攻坚，这是个战役名词，我们知道战争，不能一上来就是攻坚，肯定一开始是准备，兵马未动，粮草先行，然后才进入到外围战，分兵突击，各个歼灭。最后该解决的都解决完了，这个时候举全军之力开始攻击大堡垒，这就到"攻坚"期了。"深水区"是针对中国的改革路径而言的，中国的改革路径起初叫"摸着石头过河"，也就是由浅入深，试探着渐进。过去我们的改革是浅水区，浅水区有没有风险？当然有。但是身处浅水，风险是可以承受的。因为即使呛一口水，甚至沉下去了，脚本能地一蹬又上来了，出不了人命。现在深水区了，突然之间深不可测，何处有暗礁，哪里有急流，你也不知道。中央用这两个概念来指称在改革和实现中华民族伟大复兴的路上会有更多更大更难解决的问题。能改的都改了，好改的都改好了，剩下的都是难啃的硬骨头。唯有啃下这些硬骨头，才能迎来中华民族的伟大复兴。因此，这就需要我们以更大的政治勇气和智慧，坚定中国特色社会主义的正确方向，以敢于啃硬骨头、敢于涉险滩的勇气蹚过深水区去追梦、圆梦！这就是纵向坐标上的中国。

（三）精神坐标：前所未有地具有实现目标的能力和信心

我们分析了当今中国所处的世界坐标和历史坐标。那么，在这样一种坐标定位下，中国的精神坐标处在什么位置呢？我们的判断是——前所未有地具有实现中华民族伟大复兴的能力和信心。那这份能力和信心来自哪里？来自中国特色社会主义道路的正确性、中国特色社会主义理论的科学性、中国特色社会主义制度的优越性、中国特色社会主义文化的包容性。

西方国家曾经嘲笑中国人——只能肩挑背扛修铁路。然而，时至今日，中国铁路技术已是世界第一！高铁运营总里程世界第一。美国人曾经自负地说：在这个星球上，每当夜晚时西方都是灯火璀璨，东方却陷入一片黑暗。而今天，我们的超级电网已经把神州上空的夜晚变成东方最耀眼的明珠。在世界上，前100座最高的桥梁中有85座桥梁是中国建造的。这些成就的取得，无不彰显了中国特色社会主义的道路、理论、制度是推进中华民族伟大复兴的动力源。

这两幅照片大家在网上看过：一样的年纪，一样在战乱地区，不一样的人生境遇。她们一个面对相机以为是枪，习惯性地举手"投降"，另一个在我海军的护送下离开危险的也门，平安回家。是的，每个国家都有保护她的公民的义务，但不是每个国家都有保护她的公民的能力。大家知道，在2015年也门撤侨行动中，中国派出一艘海军护卫舰将中国公民全部安全撤离也门，而强大的美国却无法帮助他们的公民离开危险的也门。最动人的一句话不是"我爱你"，而是"无论你在哪里，只要你有危险，我一定会保你安全，护你回家"，这就是当今中国的能力。

著名学者张维为先生讲过，中国不害怕国际竞争，尤其不害怕道路、理论和制度的竞争。我这里还想加一句，我们更不害怕文化竞争。记得当年冯友兰先生谈到中国的文化，他有一句名言："盖举世列强，虽新而不古；希腊罗马，有古而无今；惟我国家，亘古亘今。"这说明什么？说明我们中华文化在全世界文明当中是唯一没有中断的文明，基因非常强大，非常优秀，所以才会不断地选择和传承。中华文化就是一个大富矿，积淀着中华民族生生不息、奋斗不止的伟大精神。这是实现中华民族伟大复兴的根本支撑。所以，在我们的道路、理论、制度、文化的支撑下，今天的中国前所未有地自信了。

这就是今天中国所处的历史方位，也是我们奋斗的出发点，从这一历史方位出发，奋斗还必须要有精神支撑，那这个精神支撑来自哪里呢？来源于我们的初心，来源于我们对信仰的坚守。

二、奋斗之魂——不忘初心、坚守信仰

为什么要强调"奋斗之魂"？习近平总书记"5.2讲话"的核心内容，就是解决"培养什么人、为谁培养人"的问题，这是我们的教育之问。我们要培养什么样的人？总书记给了我们一个明确的答案，"要培养德智体美劳全面发展的社会主义建设者和接班人"，而不是培养社会主义事业的掘墓人。习近平总书记的这一回答为我们的奋斗指明了方向，我们要自觉扛起马克思主义大旗，做忠实的马克思主义信仰者。坚定马克思主义信仰，首先需要我们明确马克思主义的真理之光。

（一）初心之光——马克思主义信仰是中国共产党的力量之源

九十八年来，中国共产党从小到大、从弱到强、从幼稚到成熟，这一路走来，彰显了中国共产党的巨大力量！大家有没有思考过这样一个问题：中国共产党的力量来自哪里？大家如果去过四川甘孜州的话，就知道那里有个香格里拉，它的直线距离并不遥远，但是要翻越连绵的雪山，历史上靠双脚走过这段距离的只有两支队伍：一支是喇嘛教的僧侣，另一支是中国工农红军。两支队伍区别很大，但有一点是一致的——都拥有信仰，是信仰产生的力量使他们走完了这段距离。对于中国共产党人来说，血雨

125

腥风中临危不惧、雪山草地里奋力前行、金钱美色前独善其身，靠的是什么？是信仰！对马克思主义的信仰，对社会主义和共产主义的信念。这就是我们党的力量之源。

习近平总书记在中央政治局第一次集体学习中强调："坚定理想信念，坚守共产党人精神追求，始终是共产党人安身立命的根本。对马克思主义的信仰，对社会主义和共产主义的信念，始终是共产党人的政治灵魂，是共产党人经受住任何考验的精神支柱。"从总书记的这段表述中，大家可以看出信念是本，作风是形，本正而形聚，本不正则形必散。中国共产党以马克思主义为立党之本，以全心全意为人民服务为根本宗旨，这就是共产党人的本。我们整个道路、理论、制度、文化的逻辑关系就在这里。因而，新时代的奋斗者，首要是把这个"本"立好。"一切向前走，都不能忘记走过的路；走得再远、走到再光辉的未来，也不能忘记走过的过去，不能忘记为什么出发。"所以，我们看到，十九大闭幕不久，习近平总书记率领新一届中央政治局常委专程赴上海，瞻仰中共一大会址，然后赴南湖红船，回顾我们党是怎么成立的、为什么成立，重温入党誓词。所以，我们党在时刻提醒自己，要不忘初心，坚守信仰，牢记使命，砥砺前行。当然，前行的道路并不是一帆风顺的，我们在意识形态领域还面临着诸多挑战。

（二）迎接新挑战，坚守主阵地

记得第一次给研究生上公共政治课，讲授马克思主义，台下一位同学发问："老师，您讲的您相信吗?"我一时愣住了，下意识地反问其什么意思，那位同学答道："您不信，您就是骗子，您信的话，就是傻子。"这虽是极端的个案，但却能折射出一个普遍性的问题——现在依然有些人不相信马克思主义，质疑马克思主义。马克思主义在意识形态的指导地位受到了诸多冲击和挑战，在我们高校主要表现在两个领域：一是来自网络新媒体的压力；二是来自历史虚无主义的挑战。

1. 来自网络新媒体的压力

现在的互联网已经成为舆论斗争的主战场，我国的网民数量全球第一。2019 年 8 月 30 日，中国互联网络信息中心（CNNIC）在京发布第 44 次《中国互联网络发展状况统计报告》显示：截至 2019 年 6 月，我国网民规模达 8.54 亿人，互联网普及率达 61.2%。在座的各位同学，每人一部智能手机，有的同学有两部，网络已经对同学们的学习、沟通、娱乐、消费等产生了前所未有的巨大影响。别的不说，就说大家获取新闻的渠道吧，还有多少人是通过《人民日报》、《新闻联播》、无线广播等传统媒介看新闻的？不多，90% 的同学是通过手机互联网。但网络的信息纷繁复杂，千奇百怪，要么自杀、要么杀人、要么吸毒、要么抑郁，若多看看《新闻联播》，就没这些事了。我上课发现，有时我在上面讲课，有同学在下面划手机，我说停课三分钟，大家一起划，他又不划了，可我一授课他又划了，好像自己控制不住。这还是小事，更重要的是影响我们国家安全。互联网谁在控制啊？是美国人，你看，美国的八大金刚（思科、IBM、谷歌、高通、Inter、苹果、甲骨文、微软），没有这样的技术，我们的互联网还能运行吗？20世纪90年代，中国美国搞互联网的时候，叫信息跟踪服务，都要通过人家的服务器，现在互联网的总服务器在美国，还有九台辅服务器也在美国，另外三台辅服务器在英国、瑞士和日本，这三台辅服务器也必须经过美国。这说明什么？说明我们所有发布到网络上的信息都可以从美国的总服务器上找到痕迹。这种文化上的短缺、技术上的短缺，潜伏着非常大的麻烦和危险。所以，有人说美国人要是使坏，在键盘上敲几个字母，一个国家的互联网就消失了，他就用这样的手段整过伊拉克、整过叙利亚。所以，美国智库曾经预判：中美一旦爆发战争，可能首先是在网上打响。奥巴马公开声称："如果中美爆发网络战，美国想赢就能赢。"美国前年有本书——《幽灵舰队》，大家有机会可以看看这本书，美军要求他的每一个军官都要看。这本书虚拟了第三次世界大战，这次战争就是从网络战开始的。奥巴马敢说"美国想赢就能赢"，这也说明了美国在网络发展上确实要比我们高出一筹，我们信息上的核心系统、操作系统、芯片等都是被美国控制的。所以，美国在网络实力上具有非常大的比较优势。

美国智库在给美国政府的报告中也反映，目前在网络上真正有能力对美国构成威胁的国家首先是俄罗斯，他们认为俄罗斯在这方面能力比较强；第二是中国。因此，习近平总书记亲自担任中央网络安全和信息化领导小组组长，2016年4月，在全国网络安全和信息化工作座谈会上，习总书记指出："核心技术是国之重器。"像前一段时期的中美贸易战，短期来看是贸易战，从长远来看，实际上是一个意识形态的问题，所以我们还不能掉以轻心。

一些西方国家利用互联网，尤其是新兴自媒体大搞"颜色革命"，推广所谓的"普世价值"，看似没有硝烟，实则刀光剑影；看似风平浪静，实则危机四伏。如果掉以轻心、放松警惕，必致民心动摇、国家动乱，后果不堪设想。因而，互联网是我们面临的"最大变量"，搞不好会成为我们的"心头之患"。西方反华势力一直妄图利用互联网"扳倒中国"。多年前，有西方政要就声称："有了互联网，对付中国就有了办法"，"社会主义国家投入西方怀抱，将从互联网开始"。

当前我国网民有近9亿，我们的工作生活与网络有着千丝万缕的联系。网络展现出色彩斑斓的思想图景和舆论生态，有时阳光灿烂，有时电闪雷鸣，这让我们不由得想起狄更斯的那句话：这是一个最好的时代，也是一个最坏的时代。我们经常说"语言属于一个时代，思想属于很多时代"。这句话还可以这样说，一个时代有一个时代的阵地，如果说曾经血流成河的沙场才是战士"牺牲"的光荣之地，那么，今天甚至更遥远的明天，这样的古战场都不一定能上演，而另一个看不见牺牲、听不到呐喊声的阵地，却在激烈地拼杀着。也许，很多时候，靠枪和炮打不败的勇士们，却往往在迷茫的信仰之中，在意识形态之战中"缴械"。

这就警示我们目前我国网络安全形势十分严峻。

2. 历史虚无主义的猖獗

时至今日，依然有一小撮人处心积虑地蓄意抹黑国家、丑化伟人，他们攻击的重点是我们的领袖。苏联解体、苏共垮台的一个根本原因，就是把斯大林抹黑、把列宁也抹黑，把他们的形象扭曲成希特勒那样的独裁者。历史虚无主义对我们的社会主义制度不断发起攻击，他们假借韩国部署萨德导弹防御系统、朝鲜试射核导弹、美国施压朝鲜、中印边界冲突等问题，对我国对外政策大加贬损，质疑社会制度的合法性；解构抗美援朝、中印边界战争的历史和集体记忆，企图否定战争的正义性和历史功绩。与此同时，历史虚无主义夹杂着民族主义和民粹主义，反思我国的港澳台政策和民族宗教政策，并表现出情绪化和极端化趋势，容易激化宗教矛盾，危及民族政策，损害长远发展。

2015 年，在抗日战争胜利七十周年之际，网上出现了一些言论，贬低甚至诬蔑中国共产党在抗战中的中流砥柱作用。除此之外，历史虚无主义者对我们的英雄也肆意进行调侃、质疑，他们质疑黄继光，质疑邱少云，质疑狼牙山五壮士。一味抹黑我们党，一味贬低我们的英雄，对青少年的价值观具有颠覆破坏作用。研究历史、正视历史太重要了，研究历史最重要的是有正确的历史观，这是研究历史的核心。同一件事，不同的人就有不同的做法，同一场战争，立场不同，得出的评价就天壤之别。

意识形态领域的战争是一场没有硝烟但更惨烈的战争。不管是中东的炮火，还是乌克兰的内乱，甚至香港的"占中"，背后都有西方资本主义大国的身影。我们虽然远离中东的战乱，也不必忧虑乌克兰的危机，但"颜色革命"依然值得我们警惕。意识形态领域的斗争和较量是紧迫的、严峻的，也是复杂的、长期的，一刻也不能放松和削弱。

当代中国，除了居于主导地位的马克思主义意识形态外，还有民粹主义、老左派、新自由主义等思潮在抢占意识形态阵地。面对这些斗争，习近平总书记反复强调指出：经济建设是党的中心工作，意识形态工作是党的一项极端重要工作。为什么要强调极端重要，过去讲意识形态工作很重要，但是没有讲极端重要。所谓极端重要，就是没有比这个更重要了，没有比这个时候讲意识形态更重要了。为什么这样讲？这里边大有深意。习总书记是站在全党、全国发展的战略高度来看这个问题的。大家想一想，现在中国缺什么？经济建设我们搞得不错，实践证明我们有能力把经济搞好；军事建设我们也搞得很不错，我们有能力捍卫国家主权和领土完整，能打败一切敢于来犯之敌。但是，有一个问题，就是意识形态工作能不能长期打胜仗，这个问题很考验我们。很多人说是不是我们把这个问题看得太敏感了，我告诉大家，还真不是。你看美国，美国要求关闭在美的孔子学院，对"舌尖上的中国"也很抵制，理由是防止中国对美国的意识形态的渗透。普京一再讲思想、言论自由，但他也明确指出："一个国家没有统一的国家意识形态，这个国家就没有前途。"因此，他执政以来一直致力于重塑俄罗斯人的灵魂，重建、打造、振兴俄罗斯的国家意识形态，并把否定卫国战争和斯大林历史贡献的行为定为叛国罪。

所以说，每个国家都高度关注意识形态安全，在错综复杂的斗争面前，我们要牢牢把握意识形态工作的领导权、主动权、话语权，在关键时刻一定要敢于亮剑、善于亮剑、有能力亮剑，做到关键时刻不失语、重大问题不缺位。要做到守土有责、守土负责、守土尽责、寸土必争。作为新时代的奋斗者我们要始终坚守信仰，怀揣梦想，头脑清晰，迎难而上！

三、奋斗之路——牢记使命、砥砺前行

为中国人民谋幸福，为中华民族谋复兴，是中国共产党人的初心与使命。习近平总书记在十九大报告中号召全党："为实现中华民族伟大复兴的中国梦不懈奋斗。"在 2019 年新年贺词、春节团拜会、全国两会等许多场合，习近平总书记反复强调，要发扬奋斗精神，指出："世界上没有坐享其成的好事，要幸福就要奋斗""幸福都是奋斗出来的""新时代是奋斗者的时代"。这些论述，一次次奏响了全党全国各族人民奋进新时代的集结号，饱含着不忘初心、牢记使命的强烈的担当。我们经常说"看得见多远的过去，就能走向多远的未来"。如何看待历史，决定着怎样走向未来。在奋斗的新时代里，让我们高举历史的火炬，照亮

中华民族伟大复兴的前行道路。

（一）树立正确的历史观，开拓奋斗新路

关于历史，习近平总书记反复强调，历史是最好的教科书，历史是最好的营养液，历史是最好的清醒剂。历史是最好的教科书，它告诉我们应该做什么，历史是最好的清醒剂，它从反面告诉我们不应该做什么。所以，在历史问题上，习近平总书记一直保持高度的警惕，在很多讲话里都提到反对历史虚无主义。在著名的"8·19讲话"里，他点名了历史虚无主义，在哲学社会科学工作者座谈会上的讲话也点名了历史虚无主义，在其他许多讲话里也都点名历史虚无主义。他自己亲自讲历史问题，在我们党内的领导人当中，讲社会主义五百年历史的，恐怕习总书记是第一人。总书记亲自讲，改革开放前的那个时期，和改革开放后这个新时期，也就是前后两个三十年是什么关系，他提出两个不能相互否定——既不能用改革开放前的时期否定改革开放后的时期，也不能用改革开放后的时期否定改革开放前的时期。这两个时期是什么关系？习近平总书记指出，是既相联系，也有重大区别的两个历史时期，不讲联系，那就是历史虚无主义，把前面这个历史给否了，或者说把后面这个历史给否了，你不讲重大区别，那么改革开放这个新时期，所开创的中国特色社会主义这个道路的重大意义，就凸显不出来。这就是总书记的历史观。总书记也提醒，目前"我们一些同志之所以理想渺茫、信仰动摇，根本的就

是历史唯物主义观点不牢固"。所以，我们要自觉地开展唯物史观的学习教育，加强对党史、国史和军史的研究与普及，牢牢把握历史发展的主题和主线、主流和本质，掌握观察分析历史的"望远镜"和"显微镜"，正确看待历史。从正确的历史观中开拓奋斗新路，这一新路的指向一定是中国特色社会主义道路。关于道路的重要性，十八大报告中已经阐释得非常清楚，"道路关乎党的命脉，关乎国家前途、民族命运、人民幸福"。十九大报告也明确指出："中国特色社会主义政治发展道路，是近代以来中国人民长期奋斗历史逻辑、理论逻辑、实践逻辑的必然结果，是坚持党的本质属性、践行党的根本宗旨的必然要求。"因而，总书记不断地告诫我们不要走老路、邪路，他讲这两条路都是死路一条，为什么这样讲，这是有所指的。

（二）加强理论学习，把牢奋斗方向

读书学习是我们提升本领、坚定信仰的一个重要的途径。关于读书的重要性，大家知道，在世界众多民族当中，犹太民族可谓是个酷爱读书的民族。据说，在犹太人家庭里，当小孩稍微懂事时，母亲就会翻开《圣经》，然后在《圣经》上滴一点蜂蜜，让小孩子去吻《圣经》上的蜂蜜，这仪式的用意是不言而喻的——告诉孩子书本是甜的，以此来培养孩子终生热爱阅读的习惯。

大家可以看到，全世界犹太人人口虽仅有 1600 万，但是却获得了全球四分之一以上的诺贝尔奖。爱因斯坦、弗洛伊德、马克思等伟人都出自犹太民族。所以，读书是修身之根本，成才之关键。我们要读什么书呢？我们除了要研读我们的专业书籍，打牢专业基础，还需要读马克思主义的经典著作，毛泽东曾经讲过："《共产党宣言》，我看了不下100遍，一遇到问题，我就会翻阅马克思的《共产党宣言》，有时只阅读一两段，有时全篇都读，每读一次，都会有新的启发。"毛泽东正是阅读了《共产党宣言》、考茨基的《阶级斗争》、柯卡普的《社会主义史》等经典，一经发现马克思主义是救国救民的科学真理后，就产生了信仰，并一生从未动摇过。坚定的信仰来自哪里？来自科学的理论。我们在纷繁的意识形态斗争中要练就"金刚不坏之身"，增强建设中国特色社会主义的本领和能力，就必须要用马克思主义、毛泽东思想和包括习近平新时代中国特色社会主义思想在内的中国特色社会主义理论体系来武装头脑，来掌握马克思主义立场、观点和方法，来树立正确的世界观、人生观和价值观，坚定理想信念，不断培育我们的精神家园，这样我们才能在大是大非面前旗帜鲜明，在风浪考验面前无所畏惧，在各种诱惑面前立场坚定，把牢奋斗的社会主义方向。

从南湖到塞北，从瑞金到北京，从陕北窑洞的兴国之光到实现中国梦的新征程，中国共产党的赶考之路远没有结束，唯有不忘初心，牢记使命，做新时代的不懈奋斗者，中华民族的脚步才能更加坚定、更加从容，才能战无不胜！

学习思考：

1. 我们为什么要对历史虚无主义亮剑？
2. 新时代大学生如何做一个不懈的奋斗者？

专题八　传承儒家文化　滋润人生出彩

张立兴　曲阜师范大学马克思主义学院教授

【教学导引】

授课对象：大学新生

学时安排：2 学时

板书设计：多媒体课件与教师黑板辅助性板书结合

教学方法：教师体系讲授、视频、案例分析、课堂讨论结合

教学目的：引导帮助学生了解儒家文化，认识儒家文化对当代大学生人生成长成功的滋养功能，坚定文化自信。

教学要点：砺"乐学"之志；做"孝忠"之子；成"厚德"之人；养"浩然"之气；悟"知言"之道。

同学们：

在开讲之前，我首先向同学们表示热烈的欢迎：欢迎大家从全省各地乃至遥远的兄弟省份来到"东方圣城"——孔子故里；

欢迎大家考入曲阜师范大学，成为这美丽曲园的新主人。

2013 年 11 月 26 日，习近平总书记视察曲阜，在考察孔子研究院时指出：我之所以来曲阜，来孔子研究院，就是要传递一个信息——我们要大力弘扬中华优秀传统文化。

作为曲阜师范大学的学生，无论是学文科的，还是学理工科的，都应当或多或少地了解曲阜、了解孔子、了解儒学。为什么？道理很简单，因为不管我们走到哪里，人家一听我们是曲师大人，总要问几个关于曲阜、关于孔子、关于儒学的问题。据说，赴全国各地参加研究生复试面试的同学都曾遇到过这样的问题，遇到问题怎么办？你总不能说"老师，对不起，我是日照校区的学生"，或说"对不起，我不是学历史专业的"。一旦你这样说，我相信面试专家一听，你的名字一定上"黑名单"。

曲园人：应有传承儒家文化的责任担当

传承儒家文化，曲园人应有责任意识，有担当精神。为什么？我认为主要基于两点。

无法复制的地域优势

何谓无法复制？试想，圣人出生的尼山能移走吗？三孔、颜庙、周公庙能复制吗？所以，大家千万不要小看我们脚下的这片古老的热土，不妨试数一下，在雅斯贝尔斯称为的东西方"轴心时代"，曲阜及其周边出了多少名垂千古之"子"：曲阜城有孔子、颜子，南去二十公里有孟子、五十公里有墨子，西去六十公里有曾子，东北三十公里有仲子。遥想当年，我们脚下的这片热土该是一种什么样的圣域气象啊！

浓郁的校园文化氛围

儒家文化犹如空气一样弥漫于我们的校园：我们的校训、广场、会堂、校庆日、道路命名、校园树林草坪中随处可见的石刻等等，无一不体现着儒家文化。同学们都进过学校图书馆，图书馆的正门耸立着一座敦厚朴拙的石牌坊，进图书馆时抬头可看到牌坊正面额上的两个字——"就道"，出图书馆时抬头可看到牌坊阴面额上的两个字——"弘道"。为什么入为"就道"、出为"弘道"？何谓"就道"？"就道"就是"接近"道，延伸之可以理解为学习道、研究道、理解道。何为"弘道"？我们从书斋走向社会，不就是为了弘扬、传播、践行自己学习过的"道"吗？不然，我们学为何用？

在历史文化学院楼前东侧的草坪上，静卧着一块雕刻得就像一本展开之书的大理石，洁白的大理石上刻有四句话：孔颜型范、春秋学统、海岱情怀、洙泗遗风。这是2002年我们历史系七八级同学毕业二十周年回母校团聚时留下的纪念物。上面的这十六个字，昭示着在学子的心中母校是何等磅礴大气、文化底蕴是何等得天独厚、对学子影响是何等深邃久远。

儒家文化博大而精深、精华与糟粕并存。作为新时代大学生、新时代曲园莘莘学子，我们又该如何吸取精华、传承弘扬践行、滋润人生出彩呢？在这里，我结合自己的理解和体悟，与大家交流几点认识。

一、砺"乐学"之志

同学们注意，我这里用的既不是立志的"立"，也不是励志的"励"，而是"砺"，砥砺之"砺"——磨刀石，引申为反复磨炼。这意味着"乐学之志"需要像磨刀一样不断地磨砺，才能最终锋利成型。

孔夫子一生"好学"，可谓"生民未有"。子曰："十室之邑，必有忠信如丘者焉，不如丘之好学也。"（《论语·公冶长》）孔子说：即使只有十户人家的小村子，也一定有像我这样讲忠信的人，只是不如我好学。每每读到这里，我们似乎能想象出孔夫子在说"不如丘之好学也"时那自信满满而又不乏自豪的神态。

在儒家经典《论语》中，关于孔子"乐学"方面的名言可谓随处可见。诸如"吾十有五而志于学"（《论语·为政》），"敏而好学，不耻下问"（《论语·公冶长》），"学而不厌，诲人不倦"（《论语·述而》），"学如不及，犹恐失之"（《论语·泰伯》），"发愤忘食，乐以忘忧，不知老之将至"（《论语·述而》）。

孔夫子一生不仅"好学"，而且"乐学"。子曰："知之者不如好之者，好之者不如乐之者。"（《论语·雍也》）这句名言不用解释，我们每个人儿时就朗朗上口，它真实地反映了孔夫子独具一格的人生境界与人生追求——"以追求知识为快乐"。正是以追求知识为快乐之"志"，成就了孔子博大精深之"学"，从而成就了他"生民未有、至圣先师"之尊。

我们也就不难理解，为什么一部《论语》开篇从一个"学"字开始。大家还记得《论语》开篇第一句吗？子曰："学而时习之，不亦说乎？"（《论语·学而》）每当我读到这句话、听到这句话，或是想起这句话，总是感慨万端。我由衷地慨叹：孔夫子真是"至圣先师"啊！两千五百多年前，它对人性的洞察是多么细微、多么深刻——"学而时习之，不亦说乎？"一个小小的问号，为我们后人留下了驰骋想象的空间。两千五百多年后的今天，网吧、游戏厅、购物店、小酒馆重重包围着大学校园，这对大学生的"学"提出了严峻的挑战。

蔡申鸥：新生寄语

上海交通大学蔡申鸥教授在一次开学典礼上给新生寄语："手机把我们的时间切成了零碎的小块，没有了能静心深入思考的时段……不要让手机控制了你们的生活和时间。醒着的时候，每天把手机关闭一两个小时，不分心地思考一些问题，专心地深入一些知识，静静地体会一下情感的波动，还是很有意义的。也许这每天一两个没有手机的小时是你将来对大学生活最美好的回忆。"蔡教授的话可谓是语重心长，发人深思。

曲园：现代版的书香门第

让人欣慰的是，空气般的儒家文化，已经带给我们曲园学子太多的滋养、熏染、自豪和收获。近些年，我赴全省乃至全国各地参加会议，无论走到哪里，总会遇到兄弟高校的同仁问我同一个问题：你们曲师大的考研率为什么那么高，有什么秘诀吗？每当遇到这样的"探子"，我总是故作神秘地告诉他："有秘诀，但天机不可泄露。"玩笑过后，我就跟他们说："时至今日，曲师大依然是全国唯一的一所在一个农业县级市办学的大学，我们学校向西百米就是一片树林，学生宿舍北边就是一片庄稼地。曲师大的学生'缺少的是诱惑，耐得住的是寂寞'，没有大中城市那灯红酒绿的诱惑，学生就努力学习呗，学着学着就考了，考着考着就考多了，多了多了就出名了，就这么简单。"他们听了都笑了。

但是，近来我对我过去的"表述"进行了反省，我突然觉得，我以往的回答虽然略带几分幽默，但细细品味却暗含着几分苦涩与无奈。现在，我的感悟有了升华——我校考研同学多、成功率高，真正动因是承袭了"孔颜型范、洙泗遗风"。曲园，不就是一个现代扩展版的大的"书香门第"吗？不出"书生"出什么？所以，同学们从进入曲园开始，就要把学习作为大学生活的第一要务，像孔夫子那样以追求知识为快乐。

二、做"孝忠"之子

儒家特别重视孝。在一部《论语》里，"孝"字先后出现了17次。为什么要对父母尽孝？《诗经》云："父兮生我，母兮鞠我，拊我蓄我，长我育我，顾我复我，出入腹我。欲报之德，昊天罔极。"（《诗经·蓼莪》）意思是说，父母双亲啊！您生养了我，抚慰我、养育我、拉拔我、庇护我、不厌其烦地照顾我，无时无刻怀抱着我。想要报答您的恩德，而您的恩德就像天一样的浩瀚无边！

高尔基：世界上的一切光荣和骄傲都来自母亲

我们常说："父爱如山，母爱似海"。母爱——天地之间最无私、最崇高、最伟大、最不计回报、最无法用言语充分表达的爱。

谈到母爱之伟大，我深有感触：二十年前，我母亲去世。在母亲去世后一年多时间里，我一直沉浸在哀伤之中，多少个夜深人静的时刻，我从床上爬起来，满含热泪、时断时续地写下回忆母亲的点点滴滴。后来，我将这些文字整理成一篇散文，校报以"世上最爱我的人走了"为题将其发表，感动了不少读者。在这里，我将文中提及的几件小事与大家分享：

"用手机太贵了，还是写信好……"

我1999年春才有了手机。春末夏初，我在青岛参加一个会议，会议结束时在事先没有告诉父母的情况下，我在青岛工作的一个学生驾车送我回了老家。真没想到，母亲见我回家是那么的惊喜，她高兴地张罗全家人，亲自下厨做饭，忙活了整整一个下午。晚饭后，我与父母亲在院子里叙话。在我接完一个电话后，母亲把我的手机要过去，拿在手里好奇似的掂量了半天说道："用手机太贵了，还是写信好。"听了母亲的话，我心里还笑话母亲，过惯了穷日子，什么事总算计着贵贱。后来，父亲告诉我："以前，你妈想你了，就翻腾出你写的信，让我一封一封、一遍一遍地读给她听。现在，你在电话里三言两语就完了，你妈想你时连个'抓手'都没有了。"听了父亲的话，我万般汗颜，无言以对。

"当老的，哪有没心事的时候……"

母亲意外地见了儿子有说不尽的话。母亲不无满足地叮嘱我："别老惦记，我挺好的，你们几个都挺孝顺，街坊邻居都说我有福。"我说："可不是吗，您现在什么心事都没有了，就好好地安享晚年吧。"没想到母亲听了我的话，轻轻叹了一口气："当老的，哪有没心事的时候。"我不解地问道："到现在了，您还有啥心事？"母亲若有所思地说："就说你大哥吧，每天一大早就开着车出远门给人拉石头，哪天晚上听不到车从屋后过，就睡不着啊。"听了母亲的话，夜色中我双眼微闭，鼻子酸酸的，两行泪滚落而下。我突然想到，家中的兄弟常跟我说，母亲可能看电视了，每天都看到很晚。我顿时明白了，老人哪里是在看电视，分明是在等着儿子平安归来。

"我不怕雷电，去千佛山了……"

1995年初夏，我得了一场大病，住进山东医科大学附属医院神经外科等待手术。手术安排在周二，我打电话让大哥周一赶来医院，以帮忙术后照料，并反复叮嘱千万别让老人知道。周一中午，济南的天气突变，电闪雷鸣，约三点多，我在病床上看到大哥进来，没想到大哥身后的母亲一头扑到我的床上，抱住我就哭。显然，我的"动手术"让母亲揪心万分。不一会儿，窗外下起了大雨。我困得睡了一会，醒来时我发现母亲浑身湿漉漉地回来了。我说："外面电闪雷鸣，你这是去哪了?"母亲说："我不怕雷电，去千佛山了，给你烧香去了。"我眼眶里的热泪再也强忍不住了。在我和医生的劝说下，母亲最终忧心忡忡地离开医院连夜回家了。据说，老人回家后一直坐在电话机旁，不吃也不喝，不说也不睡，直到第二天下午接到儿子手术成功的电话。

"他的腰动过手术，别让他上街……"

母亲去世后，按老家刚复兴的习俗，家人给母亲雇了一伙吹鼓手。按习俗，老人去世第二天下午，家族的人要去"报庙"，可能是先给阎王爷报个到吧。这一"仪式"由吹鼓手前领，家族的人随后，从村中唯一的主干道西头一直到村子东边，一路上走几步停一停，一停下家人就跪地号哭（俗称上街）。这样一趟下来，浑身就像散架一样。当我要跟随家人出门时，大哥轻轻地拦住我："你就别去了。"我问为什么，大哥泪汪汪地说："母亲临终只留下一句话：'老三的腰动过手术，千万别让他上街。'"家人们都出去了，我独自为母亲守灵。我跪着，双手捧着母亲那僵硬冰冷的手，念及她那唯一的"遗嘱"，我泣不成声……

不知大家听了有何感想。我们是否该报答父母？孔子认为，"孝"是做人的根本道德。

子曰："弟子入则孝，出则弟，谨而信，泛爱众，而亲仁。行有余力，则以学文。"（《论语·学而》）孔子说：少年弟子，在家孝顺父母，出门在外尊敬兄长，行为谨慎，说话守信，博爱众

145

人，亲近仁者。做到这些还有余力，就可以学习知识（古代典籍）了。

中国文化不仅把孝作为做人的基本原则，还将孝引入了国家治理。为什么？

有子曰："其为人也孝弟，而好犯上者，鲜矣；不好犯上而好作乱者，未之有也。君子务本，本立而道生，孝弟也者，其为人之本与！"（《论语·学而》）儒家认为，大孝之人必然是大忠之人，这一思想在古代应用于国家选拔官吏时，主要考察这个人是否孝顺，所谓忠臣必出于孝子之门。

何为孝？

子曰："今之孝者，是谓能养。至于犬马，皆能有养；不敬，何以别乎？"（《论语·为政》）孔子说：现在的人啊，以为仅仅把父母养活，让他们衣食无忧就算尽孝了。但是像狗和马这样的畜生，也能被养活。如果内心没有一份真挚的对父母的尊敬之情，那么赡养父母与饲养犬马还有什么区别呢？每每读孔夫子这句话，我总感觉两千五百多年前的他，好似以审视的眼光和严厉的口吻在批评当下的我们。当下，我们已经进入一个老龄化社会，独生子女的外出打工或异地工作，给传统的家庭养老带来前所未有的挑战。直面现实，的确有不少的子女认为自己在外打拼，能多寄点钱给父母就是尽孝了，有的则连钱都不寄，有的干脆就做"啃老族"，更有甚者，虽然富得流油，可就是不养父母。他们养什么？养宠物，从小猫小狗到猎犬、藏獒，为养好宠物，可以废寝忘食，精心调理食物，定期剪毛洗澡，照顾得可谓无微不至，难怪老人哀叹"自己猫狗不如"，这是子女的耻辱，社会的悲哀。

人生有件事最不能等待：尽孝

人生不尽早尽孝，就只能留下"树欲静而风不止，子欲养而亲不待"的遗憾和无奈。当然，尽孝有各种形式，可以说，人世间所有能让父母愉悦、欢笑、福寿、安康的方式，都是我们今天可以借鉴和实践的尽孝良方。对我们每个孩子而言，有些事情其实只是举手之劳，但对于父母来说，却是他们的安慰和快乐之源。作为新时代大学生，作为父母的独生子女，我们又该如何尽孝呢？在此我提出几点：

1. 当代大学生尽孝：珍爱生命

儒家十三经之一的《孝经》上讲："身体发肤，受之父母，不敢毁伤，孝之始也。"我们每个人的身体皆受之父母，即所谓的"父精母血"。像我们这一代人，兄弟姊妹一般三四个，至少有一个在父母的身边。而同学们作为独生子女，你们可就是父母的一切。因此，大家一定要珍爱生命，此乃"孝之始也"。孟武伯问孝，子曰："父母唯其疾之忧。"（《论语·为政》）孔夫子讲，父母最忧虑的是什么？是儿女有什么疾病。而我们大学生往往意识不到这一点，常常为生活中的一点小事或是感情中的一点纠葛，而失去理智地走向极端。

一个大学生的"遗书"

二十五年前，我在系里做学生工作时处理过一个突发事件：

一个很标致的小伙子，大三了，因失恋从西公寓一号楼顶层跳下身亡。我们在其宿舍抽屉里发现了他留下的遗书，是用铅笔写的："爸爸妈妈：我走了，逢年过节别忘记祭奠我。"就这么简单，我看了感觉可笑可恨。事发一周后，我和系主任带上一些现金和礼品，到这个学生家里去看望安慰他的父母。我记得他家住在二楼，当我应声推开他家的门，眼前的那场面让我心灵震撼，终生难忘：不大的客厅，地上、墙上、沙发上、高低柜上，全都贴着儿子的照片，从婴儿时的黑白照，到儿子大三在北京教学见习的大彩照，没有落脚之地。我抬头看去，他的爸爸妈妈一周里头发全白了，憔悴得简直就不敢认。同学们想一想，失去儿子的父母，他们这一周是怎么熬过来的啊。时至今日，整整二十五年过去，我一直猜想，他的父母看到别人的小孩，肯定内心也会推定：要是儿子活着，自己孙子孙女也该这么大了。可谓：天长地久有时尽，此痛绵绵无绝期。

所以，作为新时代的大学生必须热爱生命，必须强化安全意识，远离黄赌毒，合理作息，锻炼身体，预防疾病，为的就是让日渐年迈的老父母少一点担忧，少一丝牵挂。

2. 当代大学生尽孝：多问候父母，常回家看看

各种节日、父母生日、周末或是任何闲暇时间，给父母发个短信、打个电话，问候一句；当父母身体不适或生病时，给予更多的关注和问候。现在大家都有手机，联系极为方便，就是看同学们在心不在心了。

一个女孩在网上发一个帖子：妈妈 22 岁生我，在我 19 岁前妈妈每天都能看到我。我 19 岁了，已半年没回家看妈妈了。妈妈 41 了，如果她能活 100 岁也只有 59 年，若我再这样半年回家看她一次，我们母女一生也就只有 118 次见面的机会……这道数学题我是永远不会算错的，我也不能告诉妈妈，因为如果妈妈知道的话，她会多么伤心啊！！

3. 当代大学生尽孝：学有所成为父母增光

所有的父母亲都希望自己的孩子接受高等教育，为什么？因为孩子可以学有所成，成为对家庭负责、对社会有用的人。因此，当孩子在学校因为沉溺游戏挂科、被勒令退学的事情发生时，家长们感到蒙羞，更感到愤怒和无奈。所以大学生应当努力学习，德才兼备，成为父母的骄傲，成为国家的栋梁。

不孝之人：对朋友也难忠

中国人都有这样一个信念：一个对养育了自己的父母都不知尽孝的人，常常就是一个对朋友不忠的人；一个连孝为何物都浑然不觉的人，怎么去实践更高层次的"忠"呢？人道是：大善无如尽孝，大孝莫如行善。

当然，儒家的孝不仅仅局限在孝顺自己的父母上，我们都知道，儒家推崇的是亲亲而仁民的理想：孝—爱亲—爱人—爱社会—爱天下—爱世界万物—天人合一。这就像平静的湖面丢下一粒石子，引发涟漪效应一样。如今在"孔子文化圈"，如新加坡、泰国、香港等地的华人企业家，他们在人事遴选上，首先以是否孝敬父母为标尺，"尽孝"成为企业用人的一个重要标准。

三、成"厚德"之人

孔夫子所处的那个时代礼崩乐坏——"天下无道久矣"，这让他忧心如焚，形成了浓郁的"夫子之忧"。《论语》中有不少这方面的论述：

子曰："由，知德者鲜矣。"

子曰："已矣乎！吾未见好德如好色者也。"

子曰："德之不修，学之不讲……是吾忧也。"

正是因为这深沉的忧虑，孔子在教育弟子时把"育德"当成他最重要的价值追求，置之于教育之首位。

子曰："弟子，入则孝，出则弟，谨而信，泛爱众，而亲仁。行有余力，则以学文。"（《论语·学而》）大家看，"行有余力，则以学文"，言外之意，行无余力，不学文也可。前面几项强调的都是修德做人，体现了"德首位"。

曾子曰："吾日三省吾身。"在传统理解上，我们总是更多地从方法论的角度关注这句话，认为曾参提出了德的修养方法——"反省"。然而，我们却很少关注这样的问题：曾子每天多次反省，他反省些什么？他反省的内容之间有什么关联？大家看他每日反省三件事："为人谋而不忠乎？与朋友交而不信乎？传不习乎？"反省的第一条和第二条都是属于道德范畴，对道德修养反省好了后，才反省"传不习乎?"，这与孔子的"行有余力，则以学文"思想可谓是一脉相承。

在《论语》中，还有很多对于当代大学生"修德"具有启发意义的经典名句：

子曰："君子怀德，小人怀土。君子怀刑，小人怀惠。"(《论语·里仁》) 孔子说，君子心怀的是仁德，小人则怀恋乡土。君子关心的是刑罚和法度，小人则关心私利恩惠。

子曰："何以报德？以直报怨，以德报德。"(《论语·宪问》)

子曰："为政以德，譬如北辰，居其所而众星共之。"(《论语·为政》)

子曰："有德者，必有言；有言者，不必有德。"(《论语·宪问》)

子曰："巧言乱德。小不忍，则乱大谋。"(《论语·卫灵公》)

子曰：道之以德，齐之以礼，有耻且格。(《论语·为政》) 孔子说，用道德来教化民众，用礼教来约束民众，民众不但有廉耻之心，而且会纠正自己的错误。

子曰："志于道，据于德，依于仁，游于艺。"(《论语·述而》) 孔子说，志向于道，根据于德，依靠于仁，娴熟地掌握技艺。

子曰："德不孤，必有邻。"(《论语·里仁》)

司马光：人才分类与选任之术

宋代主持编写《资治通鉴》的司马光，他以政治家的眼光和历史学家的智慧，在总结了历史上的经验教训、得失成败后，他根据一个人身上德才比例的不同，把人才分为四类："才德全尽谓之圣人，才德兼亡谓之愚人，德胜才谓之君子，才胜德谓之小人。"对人才进行划分，目的在于为用人提供依据。

司马光提出了人才选拔任用标准："凡取人之术，苟不得圣人、君子而与之，与其得小人，不若得愚人。"为什么？司马光道："君子挟才以为善，小人挟才以为恶。挟才以为善者，善无不至矣，挟才以为恶者，恶亦无不至矣。"

司马光最后提出警示："自古昔以来，国之乱臣，家之败子，才有余而德不足，以至于颠覆者多矣。"

正是由于这样一个历史的传统，时至今日，我们中国人评价一个人的素质时，可以夸他很英俊，很有才华，很有气质，很有钱，但只要说他"缺德"，人们就会"一票否决"。为什么？因为一提到缺德，人们首先想到的是"衣冠禽兽"。

子谓子夏曰："女为君子儒，无为小人儒。"（《论语·雍也》）当代大学生，应当成为"君子儒"，即有道德、有修养、会做人的知识分子。我省德育专家田建国先生曾经提出：要成功必先成才，要成才必先成人，要成人必先厚德。人生的出彩在于做人的成功，人生的暗淡在于做人的失败。做人不成功，人生出彩是暂时的；做人成功，人生不出彩也是暂时的。

152

习近平总书记在 2014 年 5 月 4 日考察北京大学与师生座谈时指出："核心价值观，其实就是一种德，既是个人的德，也是一种大德，就是国家的德、社会的德。国无德不兴，人无德不立。"我们当代大学生要"修德做人"，就是要自觉践行社会主义核心价值观。

四、养"浩然"之气

被誉为"亚圣"的孟子，是战国时期著名的思想家、政治家、教育家，是儒家思想的代表人物，对后来的宋儒影响很大，被认为是孔子学说的继承者，后世常以"孔孟之道"并称。他生活在兼并战争激烈的战国中期，政治上主张"法先王"，在孔子"仁"学基础上，提出系统的"仁政"学说，主张行"仁政"以统一天下，曾游说梁、齐等诸侯国君，均不见用。退而与弟子万章、公孙丑等著书立说。他与弟子有一段著名的对话：

（公孙丑问曰）："敢问夫子恶乎长？"

曰："我知言，我善养吾浩然之气。"

"敢问何谓浩然之气？"

曰："难言也。其为气也，至大至刚，以直养而无害，则塞于天地之间。其为气也，配义与道；无是，馁也。是集义所生者，非义袭而取之也。行有不慊于心，则馁矣。我故曰，告子未尝知义，以其外之也。必有事焉而勿正，心勿忘，勿助长也。"

弟子公孙丑问孟子有什么特长，孟子骄傲地回答，他最擅长的是养"浩然之气"。

弟子再问："何谓浩然之气?"孟子说："这很难用一两句话说清楚。这种气，极端浩大，极端有力量，用正直去培养它而不加以伤害，就会充满天地之间。不过，这种气必须与仁义道德相配，否则就会缺乏力量。而且，必须要有经常性的仁义道德蓄养才能生成，而不是靠偶尔的正义行为就能获取的。一旦你的行为问心有愧，这种气就会缺乏力量。所以我说，告子不懂得义，因为他把义看成心外的东西。我们一定要不断地培养义，心中不要忘记，但也不要一厢情愿地去帮助它生长。"

养"浩然之气"，对中华民族的精神影响至深。那么，如何才能炼出"浩然之气"呢? 孟子给了我们四条方法。

第一，"以直养而无害""配义与道"。"浩然之气"只能生活在正义的环境中，养"浩然之气"，需要遵循正义和大道，使"浩然之气"不受伤害，它才能生长壮大起来。

第二，"浩然之气"是在长期坚持做正义之事的过程中积聚起来的，偶尔做了件好事而不能长期坚持，"浩然之气"就无法生长，因为它是"集义所生，非义袭而取之"。

第三，养"浩然之气"，就不能做亏心事。心中的"浩然之气"就像个冰清玉洁的小姑娘，要是做了不道德的亏心事、坏事、丑事，"浩然之气"就会立马消失得无影无踪。所以，孟子一直主张，做人要"仰不愧于天，俯不怍于人"，这样才能理直气壮、勇敢无畏。因为人性是本善的，人要是做了坏事，哪怕是罪大恶极、穷凶极恶之人，也会有良心不安的感觉，这时候，哪里会有理直气、壮心安理得的浩然之气呢？

第四是不能急于求成、拔苗助长。浩然之气的形成，是个长期积累的过程，出自一个人的自觉自愿、自然而然的行为，不能带有任何功利目的，不能急功近利强行拔苗助长。就像宋国人拔苗助长一样，违背了道德养成的规律，不但无益反而有害。

五、悟"知言"之道

我们前面已经讲了，一部《论语》开篇三句话。《论语》的最后同样也是三句话。

子曰："不知命，无以为君子也。不知礼，无以立也。不知言，无以知人也。"（《论语·尧曰》）按照南怀瑾先生的说法，一部《论语》从一个"学"字开始，最终的境界就是"学至三知"——知命、知礼、知言。

我们看《论语》最后一句话："不知言，无以知人也。"孔夫子不愧是伟大的圣人。他能做到"知言"而"知人"。这里我提醒大家注意的是，孔夫子的"知言"，绝非仅仅指听懂了话语，而是指在人与人的沟通中，注意观察、理解、领会所有可以用来传递信息的媒介，如语言的、类语言的、非语言的，综合起来理解，才能真正"知言"，然后真正"知人"。

《论语》中有很多的经典话语都闪现着作为一位伟大的教育家的孔夫子，对沟通中类语言和非语言的关注与应用。如：

子曰："学而时习之，不亦说乎？有朋自远方来，不亦乐乎？人不知而不愠，不亦君子乎？"

子曰："巧言令色，鲜矣仁。"

子夏问孝。子曰："色难。"

子曰："听其言，观其行。"

子曰："已矣乎！吾未见好德如好色者也。"

颜渊死。子曰："噫！天丧予！天丧予！"

同学们注意，孔夫子在表达自己的思想时，从"说（悦）、乐、愠、令色、色难、行、噫"等用词上，我们似乎听出孔夫子说话时或高兴或疑惑，或郁闷或感慨，或悲哀或无奈的神态，可以说收到了最佳的沟通效果。

现代心理学家、传播学者的研究成果业已证实 2500 多年前孔夫子对"言"的深刻认识。尤其是社会心理学家提出了完备的理论。

"语言主要是用来传递信息的，而非语言主要是用来切磋人与人之间的关系……在面对面的谈话中，语言部分仅占 35%，而 65% 的是非语言部分。"

德国专家科内丽娅·托普芙总结提出了非语言优先原则，即语言信号与非语言信号有出入时，信息接收者会相信非语言信号。

我们经常说女人的直觉发达。何谓直觉？直觉就是敏锐地发现对方的语言和非语言之间的矛盾。

逊伯特·莫拉宾公式：沟通效能＝7%语言＋38%声音＋55%非语言

在座的同学，可能学文科的多，文科同学对于百分比不敏感，我举一个简单的例子大家就清楚了："我爱你"在汉语言中，虽然只有三个字，却是一个标准的主谓宾齐全的句子，每个人看了都能明白，每个心灵正常的人听了都高兴。假如我将这三个字写在一张纸条上，悄悄递给了台下那位同学，字条本身只是传递出一个信息，效果比较单薄，只占沟通效能的7%。但我们大家想象一下，假如把38%的声音加进去，那其中的味道可就丰富多了。比如，当一个人阴阳怪调或歇斯底里地跟你说"我爱你"时，你会有何感觉？女同学经常说两个字——"你坏"，大家想想，若用不同的声音、在不同的地点、不同的心情、配不同的肢体语言说这两个字，听的人感觉会一样吗？

不在于你说什么，而在于你怎么说

在现实生活中，我们不难发现，有时即使我们说话的出发点是对的、善意的，但如果讲话的口气太硬，不注意对方的感受，对方听起来就像受到攻击一样，很不舒服。很多时候，我们会在心中有这样一种感慨：其实我赞同你的想法，但是我不喜欢你讲话的语气；其实我同意你的见解，但我不喜欢你讲话的态度。因此，这就告诉我们要注意：不在于你说什么，而在于你怎么说。

157

苏联有位伟大的教育家马卡连柯，他在回答学生提问"如何才能当好一个教师"时说了一句名言："学会用 15 至 20 种声调说'到这儿来'，才能当好一名教师。"可见类语言之重要。

沟通中的非语言

沟通效能中占 55% 的是非语言。所谓非语言，主要是指肢体、表情、目光、掌心、发型、气味、着装、距离、座次等能传递信息的媒介。对多数同学来说可能是比较陌生的，或是压根就没在意过。时间关系，我在这里只谈一个小的知识点：眼睛。

孟子曰："存乎人者，莫良于眸子。眸子不能掩其恶。胸中正，则眸子瞭焉；胸中不正，则眸子眊焉。听其言也，观其眸子，人焉廋哉？"什么意思？孟子认为：观察一个人，再没有比观察他的眼睛更准确的了。因为眼睛不能藏匿一个人的丑恶。心中光明正大，眼睛就明亮清纯，灵魂阴暗邪恶，眼睛就灰暗无神。听一个人说话，要注意观察他的眼睛，人的善恶怎么能掩藏呢？

眼睛是心灵的窗户，文学家的这一提法已经得到了心理学家研究的证实。眼睛是透露人的内心世界的最有效的途径。人的一切情绪、态度和感情的变化，都可以从眼睛里显示出来，而人的情绪变化，首先反映在不自觉的瞳孔的变化上。

1. 瞳孔的变化

人的瞳孔直径一般在 2~5 毫米，平均 4 毫米，最小可到 0.5 毫米。瞳孔的最大特点是不能自我控制。因而它就成了真实反映一个人心态的微型屏幕。美国心理学家埃克哈德·海斯是一位瞳孔运动研究领域的先锋，他对人类瞳孔的变化进行研究得出结论：若一个人兴奋，他的瞳孔会扩张，有时会扩张到比平时大4倍，即由2毫米扩大到8毫米。由此，我们可以得出一个结论，在光亮相同的情况下，瞳孔的放大与收缩表示一个人的态度和心情的变化。比如，我在这里上课，大家可能一个个无精打采，瞳孔缩小，突然，一位世界名模出现了，大家的瞳孔一下就放大了。不过大家注意，当瞳孔放大后收不回来了，那就是一个典型的标志——死亡。我们经常说一个人"见钱眼开"，若是仔细琢磨一下，眼不开怎么能见到钱呢？我认为，这个"眼开"，实际上就是指一个人看见钱后他的瞳孔极度扩张，表示他内心的极大喜欢和极度的贪婪。

进一步的科学研究还揭示，当人面对自己厌恶的刺激物、不喜欢的人或事情，生气或处于消极状态时，瞳孔也有反映，只是瞳孔不是扩大，而是不自觉地收缩，甚至收缩到很小很小，人们称之为"蛇眼"。所以说，瞳孔扩张与收缩是不可控制的，它反映的是一个人内心的情绪状态，是兴奋还是郁闷，是喜欢还是讨厌。

我国的心理学家曾经做过一项实验，让被试的一群男女大学生观看唐代仕女图。观看之前，一个学者模样的长者对他们说："室内展出的是典型的东方美人形象，有很高的收藏价值和欣赏价值，请同学们参观。"专家在每幅画的画轴上安了小摄像头，秘密观察参观者瞳孔的变化。结果发现男女大学生都对仕女图赞不绝口，可瞳孔都不变，而且绝大多数人的瞳孔缩小。这是为什么？因为今天的大学生对唐朝粗眉、细眼、木桶般身段的仕女实在是不喜欢。可他们为什么会异口同声地大加赞赏呢？此乃"附庸风雅"。

这样一条规律告诉我们，应当以积极的态度对待生活，对待他人，喜欢他人，这样我们的瞳孔就会扩张而有魅力，也就会得到别人的喜欢；假如我们生活态度消极，整天郁闷寡欢，见到他人就心烦，瞳孔总是缩小，当然也就失去魅力，人们也就会敬而远之。建议同学们从今天开始，在与别人沟通时，学着练习注意对方的眼睛，尤其要注视对方的瞳孔，让瞳孔告诉我们对方真正的感觉，也让我们的瞳孔告诉对方我们真实的感受。

2. 注视的行为

人们常说，他有一双会讲故事的眼睛、勾人魂魄的眼睛、色眯眯的眼睛、惊恐恍惚的眼睛、锥子般的眼睛、冒着冷光的眼睛。其实，这些描述都是就眼睛的注视行为而言的。注视行为分为两点：

一是注视的时间。在沟通中只有注视到对方的眼睛，彼此的沟通才会建立。在沟通中有些人使我们感觉挺舒服的，而有些人令我们不自在，有些人甚至让人看起来不值得信任，这主要是与对方注视我们时间的长短有关。

阿尔盖的一项研究表明，在一般的交谈中，说话者大约有40%的时间注视着听者；而听者则有约70%的时间注视着说话者。为什么说话者注视时间明显少呢？这是因为说话者需要时间在大脑进行编码，对接收的信息还要进行译码。阿尔盖的记录显示，人们每次注视平均持续 2.95 秒，双方目光对视平均每次 1.18 秒。

国外有这样一个实验，从电影里截取两段对话者注视率分别为 15％ 和 80％ 的画面，让被试者观看并对对话者作出评价。结果发现，被试验者对于注视率仅为 15％ 的对话者的印象是冷漠、悲观、狡辩、城府深、回避、顺从、不关心、迟钝等；而对于注视率达 80％ 的对话者的印象却是有亲近感、充满自信、自然大方、成熟、诚实等。

婚姻介绍所在介绍对象时，尽可能按照男女双方提出的条件进行搭配，但成功率很低。为此，心理学家做过一个试验，他们根据男女双方征婚人提出的条件进行搭配，让征婚者见面时则提前告诉女方说：男的各方面条件都很好，人也帅气，肯定符合你的条件，只是有一点不得不告诉你，他的一只眼睛小时候受过伤，但无大碍，你不仔细看是看不出来的。然后，又对男方说：女方的条件很好，受过高等教育，人也大方漂亮，保你满意，只是有一点不得不告诉你，她的一只眼睛小时候受过伤，但无大碍，不仔细看是看不出来的。这样就组织见面了。结果发现，无论是男方还是女方，在见面时都增加了注视对方眼睛的时间，目的是为了找到那只根本不存在的受伤的眼睛。结果见面的双方在比较满意的基础上都增加了对对方瞳孔的注视时间，表现出对对方的兴趣，结合的成功率翻了几番，你说神奇吧。

二是注视的位置。人类因为有如此复杂的眼神活动，其眼睛的生理机构也就不同于其他动物，就拿人类的近亲大猩猩来说吧，它们的眼睛与人类的眼睛就有明显的不同，人有眼白，而大猩猩没有。因为有了眼白才可以知道人眼的凝视方向，这对于我们很重要的。两个人交往，彼此一看眼睛，就知道对方在看什么。那么你注视的时间保证了，你看哪里？你也不能瞎看，究竟应当看哪里，根据情况而定。

谈正事注视：谈正事，如教师批评学生打架，老板批评职工质量把关不严等。作为大学生，假若你的恋爱十分难以维持，今晚就要与男友摊牌，这也是正事。你不能说：老乡，算了吧，我真的不想谈了。你真要是这样说，对方说不定会抱起你来就跑，因为对方误认为你是在向他撒娇。谈正事，很严肃，就一定要营造一个严肃的氛围，怎么营造？很简单，你只要通过眼睛注视的位置就可以做到，你就设想对方的额头上有一个正三角形，你一直注视这个位置，就会营造一种十分严肃的气氛，而令对方意识到"问题的严重"。你也就从中取得主动权。需要指出的是，你在严肃注视时，视线一定要直，不能侧目，不能眼珠乱转，同时表情也要严肃认真。

社交的注视：社交的注视就是平时大家常用的平等和谐的注视，这种注视，你就设想对方两只眼睛到下巴，有一个倒三角形，鼻子和眼睛构成了你社交注视的"一个中心，两个基本点"。

亲密的注视：在亲密注视中，注视的部位是指两眼与胸部之间。男女之间交往用这种注视表示对对方感兴趣。电视剧里经常有这样的镜头：一个老板，坐在办公桌后，一位新来的女员工应招进来，这时，向着女员工的电视镜头拉近再拉近，最终定格在女员工的下巴和胸部之间，这是老板对其女下属的无礼，此时的定格与女员工无关，反映的是老板的"歹意"，即"心怀鬼胎"。

凝视。凝视，即长时间的注视，或叫盯。这是一种"非人化"注视——把对方不当人来看待。如我们大家在动物园里看猴、看鸟，就是盯。因为是非人化注视，因此凝视一般出现在两种情况下。第一种是仇人相见分外眼红：当一个人看到了自己的杀父仇人出现了，两眼充满了血丝，两手攥得咯吧响，咬牙切齿，准备打斗复仇。第二种情况是在现在的许多咖啡屋里，音乐柔和，灯光暗淡，两个恋人相对而坐，只听到吸管吸饮料的吱吱声，双方凝视而一言不发。这也是"非人化"的注视，但此时的恋人，不是把对方当成老虎或仇人，而是把对方当成一件精美的艺术品在"欣赏"，可谓"此时无声胜有声"。

世界上大多数国家的人墨守一条不成文的规定，那就是不容忍直视你不认识的人，否则就会被认为是没有礼貌，甚至被人看作是一种故意的挑衅行为。美国加利福尼亚大学曾经做过一项实验：让参加实验的男女站在十字路口，目不转睛地盯着等绿灯信号过马路的行人，结果，当出现绿灯信号时，行人为了逃避盯住自己的目光，都像逃命似的加快步伐很快冲过马路。这个实验说明，人们是多么讨厌别人用眼睛盯住自己，因为被别人盯住自己时就会产生一种威胁和不安。

我给同学们一句温馨的提示：关注非语言，进行有效沟通，"知言而知人"，构建和谐人际关系，增强人际魅力，为人生出彩奠基。

学习思考：

1. 儒家文化的当代价值是什么？
2. 如何传承儒家文化滋润人生出彩？

专题九　圣域、圣城、圣人

——走进曲阜，走近孔子

宋立林　曲阜师范大学优秀传统文化教育中心教授

【教学导引】

授课对象：大学新生

学时安排：2 学时

板书设计：多媒体课件与教师黑板辅助性板书结合

教学方法：教师体系讲授、视频、案例分析、课堂讨论结合

教学目的：引导帮助大学新生了解孔子思想形成的源泉与母体，认识儒家文化对当代大学生人生成长成功的滋养功能，坚定文化自信。

教学要点：辉煌灿烂的古代文明，深厚博大的鲁国文化，孔子的"集成"与"损益"。

同学们：

走进曲阜，走进曲园，我们不能不了解被誉为"万世师表"

的孔子。国学大师钱穆先生在所著《孔子传·序》中说："孔子为中国历史上的第一大圣人。在孔子以前，中国历史文化当已有两千五百年以上之积累，而孔子集其大成。在孔子以后，中国历史文化又复有两千五百年以上之演进，而孔子开其新统。在此五千多年，中国历史进程之指示，中国文化理想之建立，具有最深影响最大贡献者，殆无人堪与孔子相比伦。"历史学家柳诒徵先生亦以为"孔子乃中国文化之中心也"。诚哉斯言！

一、古代东方的"轴心时代"

雅斯贝斯："轴心时代"理论

德国哲学家卡尔·雅斯贝斯（Karl Jaspers，1883—1969）指出："发生在公元前八百至前二百年间的这种精神的历程似乎构成了这样一个轴心，正是在那个时代，才形成今天我们与之共同生活的这个'人'。我们就把这个时期称作'轴心时代'吧，非凡的事件都集中发生在这个时期。"而"轴心时代"的主要表现是："在中国，孔子和老子非常活跃，中国所有的哲学流派，包括墨子、庄子、列子和诸子百家都出现了。和中国一样，印度出现了《奥义书》和佛陀，探究了从怀疑主义、唯物主义，到诡辩派、虚无主义的全部范围的哲学可能性。伊朗的琐罗亚斯德传授了一种挑战性的观点，认为人世生活就是一场善与恶的斗争。在巴勒斯坦，从以利亚经由以赛亚和耶利米到以赛亚第二，先知们纷纷涌现。希腊贤哲如云，其中有荷马哲学家巴门尼德、赫拉克利特和柏拉图，许多悲剧作者，以及修昔底德和阿基米德。在这数世纪内，这些名字所包含的一切，几乎同时在中国、印度和西方这三个互不知晓的地区发展起来。"从而，使得这一时期成了世界历史的"轴心"，自此以后，人类有了进行历史自我理解的普遍框架。直至近代，"人类一直靠轴心时代所产生的思考和创造的一切而生存，每一次新的飞跃都回顾这一时期，并被它重燃火焰，自那以后，情况就是这样，轴心期潜力的苏醒和对轴心期潜力的回归，或者说复兴，总是提供了精神的动力"。

雅斯贝斯指出，在所有地方，轴心时代结束了几千年的古代文明，它融化、吸收或淹没了古代文明，"前轴心期文化，像巴比伦文化、埃及文化、印度流域文化和中国土著文化，其本身可能十分宏大，但却没有显示出某种觉醒的意识，古代文化的某些因素进入了轴心期，并成为新开端的组成部分，只有这些因素才得以保存下来。与轴心期光辉的人性相比，以前最古老的文化十分陌生，似乎罩上了面纱"。基于这种看法，雅斯贝斯认为这几大文明经过了"超越的突破"，由文化的原始阶段飞跃到高级阶段，分别形成了各自特殊的文化传统。

当然，也有学者对此存有异议，提出了自己的看法。有学者认为，中国轴心时代的变化，并不是断裂的突变，从孔子对周公的倾心向往及墨子对《尚书》的频繁引用可以看出轴心时代与前轴心时代的明显连续的一面。因此，对中国文化的历史结构而言，寻找决定历史后来发展的"轴心",不能仅仅着眼在春秋战国,更应向前追溯,用雅斯贝斯的语言,注重轴心时代的同时,我们还应注重"前轴心时代"。

"前轴心时代"

我们要真正理解孔子这些轴心时代的思想家的思想,我们必须把目光扩大,要关注"前轴心时代"。其实,在我们看来,所谓"轴心时代"并不能笼统地指称春秋战国时代。中国的"轴心时代"应当从老子、孔子时代开始,下含整个战国时代,而老子、孔子之前的春秋时代也应当被划入"前轴心时代",因为真正的"哲学的突破"是从老子、孔子开始的。

"前轴心时代"的各种宗教、伦理、哲学、道德思想和事迹,无不为轴心时代的到来铺平了道路,为其提供了丰富的思想养料。

西周后期,国力开始一步步衰弱。公元前770年,由于周王朝内乱和犬戎的入侵,周平王被迫放弃镐京,而将都城迁至洛邑(今河南洛阳),史称东周。然而,迁都后的周王室也没能恢复以前的辉煌。经过一系列内忧外患的打击,周王室"礼崩乐坏",实力大大衰弱,周天子号令天下的时代一去不复返了。中国在历经夏、商、西周的统一王朝以后,逐渐进入了诸侯割据的时代。各诸侯国相互兼并,角逐争雄,混战不休;各诸侯国内部,则阶级矛盾尖锐,新旧势力斗争激烈,社会在剧烈地动荡着。后来人们根据孔子的编年史《春秋》,将东周这前242年的历史称之为"春秋"。孔子曾说:"天下有道,则礼乐征伐自天子出;天下无

道，则礼乐征伐自诸侯出。"春秋时期正是这样一个动乱、无序
的"天下无道"时期。

春秋时代的历史，我们必须依赖《春秋》与《左传》来解
读。从《左传》中，我们不难发现，春秋时代是一个动荡但又充
满智慧的时代。这一时期，涌现出了一批可以称之为思想家的人
物，如史伯、管仲、史墨、子产、晏婴、范蠡等，因为这些人物
皆属于士大夫阶层，因此被人称之为贤人，这个时代也被"贤人
作风"所笼罩，而与希腊的"智者气象"相区别。春秋时代是一
个"人的自觉"的时代，而自觉探求人的精神价值问题正是先秦
儒家思想的根本旨趣所在。

影响孔子的两位人物：柳下惠和老子

从历史记载来看，柳下惠确实是一个了不起的人。在中国，
柳下惠是具有较高知名度的人物。"坐怀不乱"的传说，使其家
喻户晓。然而对其思想与德行很少有人真正关注。他是鲁国公族，
曾担任过鲁国的士师，管理狱讼。其实，他真正可贵的是他不仅
深谙周礼，而且他对周礼的内在精神更是理解精深，所以他才能
站出来批评臧文仲"祀爰居"之非"政之宜"。他批评夏父弗忌
违反礼制，混乱了昭穆，既违反了鬼道，也违反了人道。从中我
们看到的仍然是柳下惠执着地维护周礼的形象。

而相似的形象我们似乎可以从《论语》中找到。百余年后的
孔子，对于违反礼制的做法依然表现出了极大的愤慨：比如他批
评季氏"八佾舞于庭，是可忍也，孰不可忍也"。更为重要的是，

孔子已经将维护和复兴传统作为了自己的生命担当，有一种"斯文在兹"的信念。传统化为了生命，生命延续着传统。柳下惠为了维护周礼而"三黜"，孔子为复兴周文而"周游"，凄凄惶惶，其间不难看出二人生命历程的某种相似性。

柳下惠以其对周礼的践履，为后世儒家树立了维护传统的楷模。而其从生命层次、实践层面的践履本身，也恰恰成为后世儒家的基本特征。众所周知，儒家自孔子创教开始，便具有了鲜明的入世倾向。《中庸》所谓"极高明而道中庸"、明儒王阳明所谓"不离日用常行内"皆极为明确地指示出了儒家的践履品格。同时，柳下惠高尚的道德人格和贤人作风，更是给孔子以巨大影响。孔子称赞柳下惠："孝恭慈仁，允德图义，约货去怨，轻财不匮，盖柳下惠之行也。"在这短短的十几个字的评语中，孔子将孝、恭、慈、仁、轻利重义的多种道德品质赋予了柳下惠，可见在孔子心目中，柳下惠可以称得上儒家理想人格的一种楷模了。

老子是与孔子齐名的古代思想家，其哲学智慧浓缩为五千言，即现在的《老子》。老子后被奉为道家的开山祖师，对中国文化也产生了巨大的影响。老子其实也是一名隐者，不过其在当时的声誉便甚高了。传说孔子曾向老子问礼，在文献中可见到多处孔子说"吾闻之老聃"，在考古发现中也曾有数十种孔子见老子的汉画像出土。根据考辨，孔子确实曾拜访过老子。孔子对老子十分尊敬，老子对孔子的思想也有很大的影响。当时，老子身为周王室的守藏室之史，相当于现在的国家图书馆馆长。他学问渊博，智慧超群。孔子对之十分向往，遂赴东周洛邑拜会老子。

"老子犹龙"，是孔子对老子的评价。在《史记·老子韩非列传》篇记载了孔子的这番话。他在见过老子之后，对弟子们说："鸟，吾知其能飞；鱼，吾知其能游；兽，吾知其能走。走者可以为罔，游者可以为纶，飞者可以为矰。至于龙吾不能知，其乘风云而上天。吾今日见老子，其犹龙邪！"在孔子眼中，老子学问高深莫测，俨然就是"神龙见首不见尾"的神仙中人！而据《艺文类聚》和《太平御览》所引《庄子》佚文，有一次老子见到孔子师徒，说道："吾闻南方有鸟，名凤。……凤鸟之文，戴圣婴仁，右智左贤。"径以孔子比作凤凰了。

二、深厚博大的鲁国文化

任何一位思想家的思想都属于他的那个时代，也属于他所处的那个地域，孔子的思想同样如此。孔子生活在春秋末期的鲁国，作为中华文化的代表，孔子不仅对他以前的历史尤其三代的社会进行了深刻总结与反思，站在了那个时期历史的高端上，而且也具有明显的鲁文化的印痕。可以说，鲁文化正是孔子思想得以产生的母体。

在周代众多的邦国中，鲁国作为周公之子伯禽的封国，它本是姬姓"宗邦"、诸侯"望国"，所以"周之最亲莫如鲁，而鲁所宜翼戴者莫如周"，鲁文化与周文化乃一脉相承。因此，周初开始完善起来的宗法礼乐制度，其影响所及，铸就了鲁国根深蒂固的礼乐传统，使鲁国成为周代礼乐保存最为完整的国家，史称"周礼尽在鲁矣"。

周王朝是自西向东发展起来的。在灭商和东征前后，周人以封邦建国的方式，将宗周文化弹射而撒播到各地。在周族分封的众多诸侯国中，鲁国由于其封国的特殊性质以及所处的地理环境，成了宗周礼乐文明的嫡传，全盘继承了周人的文化传统。

鲁国是周公之子伯禽的封国

周公无论在帮助武王争夺天下，还是在成王年幼时平定天下，都有着卓著的功勋。因此，鲁国初封，不仅受赐丰厚，而且相对于他国来说还得到了不少特权。这既是一种荣耀，更是一种地位，因为其中的天子之器物、服饰，这是其他封国所享受不到的。以职官为例，在周王室官制中，"太宰"为卿士之首，即王室宰，亦为王之"相"，其地位颇高，直到春秋前期，此职尚颇重要，而鲁国亦设有此官，这在春秋时期的诸侯中是仅见的。再如掌管礼仪的"宗伯"是周王室中的重要职官，从现有资料看，春秋时期诸侯列国中只有鲁国设有"宗伯"，如《国语·鲁语上》"我为宗伯"，《左传》文公二年"于是夏父弗忌为宗伯"。宗伯负责掌管祭祀时神主位置的排列等。其他国家只设"宗人"，替国君掌管祭祀，以向神灵祷告，地位并不太高。鲁国的宗伯有时省称"宗"，或称"宗人"，但有"宗伯"之名的毕竟只有鲁国。鲁国初封时，周室特别赐以祝、宗、卜、史，备物、典册、官司、彝器，对鲁国的祭祀之礼等等格外重视，大概鲁在西周时已有"宗伯"一职。类似的例子还有"大司徒"，《周礼·地官·大司徒》中对其职权是这样说的，"掌管国家土地的地图和人民的数量，来辅佐国王安抚邦国"，可见大司徒是十分重要的辅佐之官。鲁大司徒之职名于金文中两见：一为鲁大司徒元器，一为鲁大司徒子仲白匜。周金铭文中又记有冢司徒一职，冢司徒其实就是大司徒。古时称山顶为"冢"，"冢"就是至高至上的意思。因为百官以太宰为首，周时太宰亦称冢宰，推而广之，冢司徒就是大司徒。作为诸侯，鲁国置有大司徒之官，大概是因为周王室以周公之故而崇鲁国吧。因此，《礼记·明堂位》总结说："凡是四代的器物、服饰、官司，鲁国兼而用之，因此，鲁国享有王的待遇。"

周王室在赐给鲁国大量文化典籍的同时，还特许鲁国享有天子之礼乐。《史记·鲁周公世家》说："成王乃命鲁得郊祭文王。"《礼记·明堂位》也记载着鲁国国君在孟春时，按照天子之礼，举行郊祭。此外，鲁又有禘礼。《春秋》僖公八年："秋七月，禘于太庙。"《左传》襄公十年："鲁有禘乐，宾祭用之。"鲁还有大雩之礼。据《诗·大雅·云汉》，大雩乃祭天祈雨，祀及上帝先祖，为天子之礼。鲁也行大雩礼，古鲁城外，现今尚存当年的舞雩坛旧址。郊、禘、大雩之"重祭"，本为周天子独用，而鲁也得有这些"殊典"。

鲁既有行天子之礼的特权，则鲁人自不能忘记祖述先王之训，追忆周公之礼。实际上，鲁国正是周公推行礼乐的中心。周公

"制礼作乐",伯禽则亲聆父教。《礼记·文王世子》说那时候成王还年幼,没有能力临朝听政。周公作为成王的相,辅佐成王执政,如果成王有失误,周公就责备伯禽,以此使成王理解治理天下的方法。伯禽接受的是世子教育或为后人的推测,然而,他接受周礼作为家礼倒不一定是妄说。所以,鲁人对周礼别有一种亲切感,"先君周公制周礼"成了他们的口头禅,他们在行为上循礼而动成了十分自然的事情。

肩负着把鲁国建成具有宗周模式的东方据点的重任

鲁国建国之地乃是殷商势力较为顽固的地区,伯禽率周人的一支作为胜利者被分封到鲁地时,肩负着把鲁国建成具有宗周模式的东方据点的重任。鲁国代表周王室担负着镇抚徐、奄、淮夷,传播宗周文化的历史使命。周初实行分封,一个重要的目的是"以藩屏周",封伯禽于鲁,也是希望他能够开拓进取,努力辅佐周王室治理天下。所以伯禽在鲁,采取了"启以商政,疆以周索","变其俗,革其礼"的国策,并于"三年而后报政周公"。后来,鲁国重礼文化风格的形成,与鲁先君的这种努力是分不开的。

杨向奎先生对宗周的礼乐文明有独到的研究,他说:"通论中国文化之发展,虞夏以来,至于春秋,其中心地域在今山东、河南、河北,后来发展遂及山西、陕西。虞夏代表夷、夏,共处于中国东方,黄河下流,以山东为中心,东及辽沈,西及河南,南及江淮,北达燕蓟。后来发展为齐鲁文明,实为宗周文化之嫡传，而鲁为姬，齐为姜，后来结果，齐一变至于鲁，鲁一变至于道；周礼在鲁，遂为中心之中心。"又说："周公及其同僚，建立了礼乐制度，鲁国继之成为正统。"姬周自消灭殷商，占据黄河下游后，实际就把鲁国看成了在东方的代理人，因此，鲁在诸侯国中便有了极为特殊的地位。一般说来，"周之宗盟，异姓为后"，鲁既为姬姓，又为周公之裔，故在诸侯位次序列中有"班长"之称，被列为首席。如春秋初年，齐国遭北戎侵犯，齐向各国求助。战后答谢诸侯，在馈送粮饩给各国大夫时，齐请鲁国按班次代为分派；晋文公主持"践土之盟"时，在各会盟国进行的歃血仪式上，除主盟的晋国外，鲁的次序也被列在各国的最前面。既然周室对鲁国寄予厚望，把鲁国分封在商奄旧地，那么，在推行周代礼乐制度时，有"望国"地位的鲁国也就不能不以表率自居了。

鲁国适宜农桑的地理环境

鲁国适宜农桑的地理环境，客观上也要求鲁国推行周代的礼乐制度。鲁国位于齐、莒、宋、卫等国之间，其领地以汶河流域和泗河的中上游地区为中心，境内丘陵之间，有诸如汶阳、泗西等大片肥沃的良田，而且河流、湖泊交错，是一个宜于农桑的地区，所以，《史记·货殖列传》称这里"宜五谷、桑麻、六畜"，"颇有桑麻之业"。鲁国表现出明显的重视农业的特点。鲁人的这种经济特点与周人的重农传统是相应的。农业是周族兴盛的根本，《汉书·地理志》历数周族祖先后稷、公刘、太王、文王直至武王的事迹，认为周族以农业为立国之本，其民也保留着先前的传统，善于耕作。既然周人有崇尚农业的传统，那么鲁人对这一传统又加以承继和光大也就不足为奇了。

自周初程序化的诸侯分封开始，周人的宗法制度遂逐渐确立起来。在这个制度下，"尊祖"和"敬宗"是其基本信条，人们依照与周王的血缘亲疏以及嫡庶、长幼等关系，确立起贵族之间的贵贱、大小、上下等各种等级差异，从而形成确立伦理规范和行为准则的具体名分。这种情形，在游移不定的、以畜牧或工商业活动为主的人类早期群落中是谈不上的，只有在稳定的定居农业社会区域才能得以确立。西周正是这样一种典型的宗法式农业社会，在这个社会中，划分成若干等级的人们必须和谐地相处于同一社会群体中，周代先王就是根据这种需要来制礼作乐的。鲁国既然承继了周人的重农传统，那么客观上也就要求其文化上的重礼风格与之相适应。

总之，自鲁国始封起，鲁国统治阶层就接受了周礼。《左传》昭公五年记载叔孙氏死后，有人要执政的季孙氏按照叔孙氏的遗言出曲阜西门安葬，但是杜泄表示反对，他说："卿丧自朝，鲁礼也。"这里出现了一个"鲁礼"的概念。通过《礼记·檀弓下》对丧礼的记载中可以看出，所谓"鲁礼"与周代之礼是一样的，卿丧，葬前必移柩于宗庙，从朝出正门，而商与周关于此礼的不同之处仅在下一步是否下葬这一点上。从《左传》的叙述来看，很显然使用的是周礼的规定，因此鲁礼即为典型的周礼无疑。

其实作为鲁国之史，《春秋》具有"常事不书"的特点，也就是说鲁人依礼而动的许多行为便不一定见于其中。可是《春秋》以及其他书中见于记载的鲁国君臣的一些"违礼"之举，也往往引起了人们的规谏或者评论、指责，如隐公去棠地观渔者，桓公与夫人姜氏一道至齐，庄公去齐观社，文公欲拆除孟文子和郈敬子之宅以扩建宫殿，以及鲁三家的一些不礼之举等等。而且，在东周以来"礼坏乐崩"的情况下，鲁国仍有不少知礼之人，如臧僖伯、臧哀伯、臧文仲、柳下惠、曹刿、里革、匠人庆、叔孙豹、子服景伯、孔子等等。另外，如鲁文公时仅有官职而无姓名流传下来的宗有司、《左传》的作者左丘明等也是如此，他们皆以知礼明礼而闻名。以上这些说明鲁国在保存周礼方面也做得十分优异。

鲁国对周代礼乐制度的完整保存和实施，是与鲁人对于礼乐功能的认识相联系的。而且，他们的这种认识确已达到了相当深刻的程度。他们认为"君臣、上下、父子、兄弟，非礼不定"，如果没有礼制的约束，也就失去了"辨君臣、上下、长幼之位"的依据了；乐的功能也不仅仅在协调劳动和娱乐方面，它能够"合和父子、君臣，附亲万民"，在不同等级的人们心灵间起沟通与协调作用。因此，礼与乐性质不同，但二者一分一合，刚柔相济，因礼而造成的差等可以由乐来进行协调，所以说"礼主分，乐主和"，"乐者为同，礼者为异。同则相亲，异则相敬"，只有礼乐调和，国家政治才会稳定，国家的发展才会不偏不倚，无过无不及。可见，就周代礼乐的本质而言，它实际是周族统治者的一种政治统治工具。于是，统治者积极维护的周礼也对维护鲁国的安定起了积极作用，这在西周时期乃至春秋前期表现得尤为显著。最具代表性的事例发生在鲁闵公元年，当时，齐欲伐鲁，齐公问仲孙湫曰："鲁国可以讨伐吗？"仲孙湫说："不可。鲁国仍然坚持周礼。周礼是治国的根本。我听说：即将灭亡的国家，其根本必定先丧失，而后依附于根本的方方面面才发生动摇。如今鲁国没有丢弃周礼这个根本，怎么可以随便讨伐它呢？"当时，鲁正遭庆父之难，统治阶级内部存在矛盾，但尚秉周礼就使得其国家难以攻取，这是因为周礼可起到一种协调人心的作用。在统治者内部，它可以防止并调和矛盾；而对下层人民来说，周礼既有慑服之威，又有收罗人心之用。仲孙湫说鲁以周礼为本是切中要害的。鲁人都知道礼有"经国家，定社稷，序人民，利后嗣"的功能，因而他们也认识到"服于有礼，社稷之卫也"，也就是说保卫国家最好的方式是遵守礼制的规定，故对周礼怀有极大热忱。《礼记·礼运》说："坏国、丧家、亡人，必先去其礼。"礼尚在则国不可亡，礼之关乎国泰民安，于此可见。

此外，周礼也给鲁国的外交工作带来了一定积极影响。作为宗周在东方的代表，鲁国本来在诸侯国中就享有崇高威望，他们对周代礼乐传统的继承与发扬，更使得鲁国在与列国的交往中处于十分有利的位置，尤其在周室衰微以后表现更为明显。春秋时期，鲁国实际上是一个弱国，其国力无齐、晋之强盛，地域也不及秦、楚之广大，然而诸如靠近鲁国的滕、薛、曹、邾、祀、郯等国常常朝觐鲁国，即使远在方域之外的谷、邓等国也不惮仆仆至鲁来朝。究其原因，小国交鲁皆是因其乃周礼所在，绝非畏其侵削而屈服之。

当然，鲁国春秋时期外交的主线还是在与齐、晋等大国的关系上。鲁国周环齐、宋、卫等国，春秋时，鲁除结交齐、晋两大国外，唯宋、卫与鲁最亲。鲁人结霸强之好，是为了更好生存，而结交四邻，则是防备国难。然而，在对待各国的态度上，鲁人似乎又不尽相同。鲁与晋、卫乃兄弟之国，与齐、宋则是婚姻之国，与对待齐、宋相比，鲁在与晋、卫的交往中态度要温和得多。当然，鲁国北凭泰山，东依大海，南抚淮夷，只有西南部地势较平，与宋连界；西北部汶水流域的沃田又与齐接壤，春秋时鲁常以宋、齐为敌手，自有地理形势上的因素。但这还不是根本的原因。周人有亲同姓的传统，尽管周王室已失去了统御与羁縻的力量，但鲁人身上仍体现着周人的这一宗法精神，"周之同盟，异姓为后"一语便出自鲁人之口。而且，终东周之世，鲁国国力虽日渐衰弱，但较泗上诸侯，其亡于楚国甚晚，其中不乏鲁国大夫能够遵守礼制，在外交中以礼抗争之功。

三、孔子的"集成"与"损益"

孔子好学，且终于成为博学之士，成为上古文明的集大成者。

孔子对古代文明的继承表现在删定"六经"

孔子对古代文献有着广泛的涉猎，其古典文化知识堪称丰富。而在对古代文献十分熟悉的基础上，他还对几部古代典籍予以整理，这就是历史上所艳称的"六经"：《诗》《书》《礼》《乐》《易》《春秋》。

"六经"，尤其《诗》《书》《礼》《乐》等典籍，原本是西周王官所收藏的古籍文献。春秋以前，古代的文化都集中在"王官"手中，称之为"王官之学"。在西周时期，这些典籍大都是作为知识的载体，成为西周王官之学，用来教育贵族子弟的。《礼记·王制》就曾记载在当时的西周贵族教育中，"崇四术""立四教"，教贵族子弟学习《诗》《书》《礼》《乐》。随着天子失威，礼崩乐坏，主要用于教育贵族子弟的官学遭到很大破坏，从而出现"天子失官，学在四夷"的局面。这种官学失序、学术下移的过程，为中国文明的发展提供了一个良好的契机，当然也为孔子的成长提供了绝佳的文化环境。《论语·微子》就记载了当时乐人出走的情况："大师挚适齐，亚饭干适楚，三饭缭适蔡，四饭缺适秦，鼓方叔入于河，播鼗武入于汉，少师阳、击磬襄入于海。""乐"是周代礼乐政治文化中的重要组成部分，从乐人出走的情况就可以想见当时礼乐文化的遭遇。王官之学的破坏，使得文化散落民间，从而使许多渴望知识的下层人有了学习文化的机会。这对孔子来说实在是一件幸事。

随着"王官之学"的衰落，应下层人民渴求知识的需求，私学于是开始出现并兴盛。这一时期的孔子，以其好学的精神和渊博的知识，开中国古代私学之先河，并成为当时最为著名、最受欢迎的私学代表。孔子开办私学，其所用的教材是《诗》《书》《礼》《乐》《易》《春秋》六种古代文化典籍。后人将这些典籍称为"六艺"，也称之为儒家"六经"。孔子曾说他"信而好古，述而不作"，对古代文化典籍有着浓厚的兴趣。孔子在早年就阅读了《诗》《书》《礼》《乐》这些古代文化典籍，并对这些古代文献有所研究。等他开学授徒，以西周礼乐文明的继承人自居的孔子，所用的就是这些曾作为"王官之学"的文化典籍，将之纳入其教学系统，并逐渐确立其经典地位。司马迁在《史记·孔子世家》中说："孔子以《诗》《书》《礼》《乐》教，弟子盖三千焉，身通六艺者七十有二人。"孔子在教学上的巨大成就，就是本着这些古代文化典籍所创造的。

鉴于文献在战乱中遭到破坏而混乱、失序的情况，孔子对这些文化典籍进行了一番删订整理。传世文献记载孔子曾删《诗》《书》、订《礼》《乐》、赞《易》、作《春秋》。也就是说孔子对《诗》《书》《礼》《乐》中一些重复、混乱的地方进行了一番删除、调整的工作，使得这些文献更加整齐与完备；并根据《周易》作《易传》；在鲁国史记的基础上修订为《春秋》一书。通过孔子的这番努力，古代文化典籍得以更为完整地保存。在礼崩乐坏、古代文化典籍遭到很大破坏的春秋战国时代，孔子拥有这些古代文化典籍，真可谓是集以往学术之大成。更为幸运的是，孔子对"六艺"的保存与弘扬，为诸子之学奠定了基础。

以往，人们对孔子与"六经"的关系曾十分怀疑，甚至基本否定了二者的关系。尤其是孔子与《易》的关系，更是如此。比如郭沫若先生，就曾经认定《周易》乃是撰作于孔子之后的子弓之手。果真如此，那根本无从发生关系。不过，马王堆帛书《要》篇出土之后，上面明确记载着孔子"老而好易"，与《史记》的记载吻合，如今大多数学者已承认孔子曾经学习《周易》、讲授《易经》，甚至对《周易》做过阐释性工作。尽管人们已基本否定了今本《易传》为孔子所作的传统认识，不过，在今本《易传》和帛书《易传》中，还是保留了不少孔子对《易》进行阐发的文字。我们可以认为，今本《易传》在思想上还是属于孔子的。

"六经"各具特色，共同组成了中国上古文明的结晶和古代中国的元典。杜维明先生指出：《诗经》代表人是感情的动物；《尚书》代表人是政治的动物；《礼记》代表人是社会的动物；《春秋》代表人是历史的动物；《易经》则代表人是有终极关怀的动物。"六经"，在孔子的教学中，主要发挥其伦理、道德、政治思想的教化的作用，孔子对此也有过精到的论述。在《孔子家语·问玉》和《礼记·经解》篇有记载。孔子说："入其国，其教可知也。其为人也，温柔敦厚，《诗》教也；疏通知远，《书》教也；广博易良，《乐》教也；洁静精微，《易》教也；恭俭庄敬，《礼》教也；属辞比事，《春秋》教也。故《诗》之失，愚；

《书》之失，诬；《乐》之失，奢；《易》之失，贼；《礼》之失，烦；《春秋》之失，乱。其为人也，温柔敦厚而不愚，则深于《诗》者矣；疏通知远而不诬，则深于《书》者矣；广博易良而不奢，则深于《乐》者矣；洁静精微而不贼，则深于《易》者矣；恭俭庄敬而不烦，则深于《礼》者矣；属辞比事而不乱，则深于《春秋》者矣。"

孔子对古代文明的继承表现在"祖述尧舜，宪章文武"

尽管孔子对古代文化遗产有着较为全面的把握，但是，他真正心仪的却是历史上那些圣王，《中庸》中将此概括为"祖述尧舜，宪章文武"，这是一个精简的概括，这里所涵括的是《礼运》所谓"三代之英"，即尧、舜、禹、汤、文、武、周公。

据《论语》，孔子对尧、舜、禹三人都曾经给予高度评价。他评价尧说："大哉！尧之为君也！巍巍乎，唯天为大，唯尧则之。荡荡乎！民无能名焉。巍巍乎！其有成功也。焕乎！其有文章！"对尧、舜二人评价说："修己以安百姓。修己以安百姓，尧、舜其犹病诸。"对舜、禹二人评论说："巍巍乎，舜、禹之有天下也而不与焉！"孔子对禹评价更高，他说："禹，吾无间然矣，菲饮食而致孝乎鬼神；恶衣服而致美乎黻冕，卑宫室而尽力乎沟洫。禹，吾无间然矣。"

在孔子的心目中，尧、舜、禹都是中国这一时期具备至德之人，他们的"德"成就了其上古圣王的地位。在孔子看来，三位"圣王"之所以能够造就一个美好时代的政治奇迹，在于他们具有不被功利所羁绊的道德心，在于他们以治理天下作为自己的中心任务和重要依托。这样的结果不论从他们的政治业绩上去评价，还是从他们的道德抉择上去估量，都没有批评的必要和可能了。

在孔子的心目中，尧、舜以前，由于材料的限制，有些历史事实若明若暗，的确具有"难言"的特点。从尧、舜开始，尤其大禹以后，历代"圣王"的事情完全清晰可观，足以让后人认真总结效法，所以《孔子家语》记孔子说："禹、汤、文、武、周公，不可胜以观也。"正因如此，孔子学说具有了"祖述尧舜，宪章文武"的特点。

与对待上古之世相比，孔子将总结历史经验的眼光着重放在"有典有册"的三代时期，尤其是"郁郁乎文哉"的周代。古代圣王的治国为政之道皆有"典册"可据。比如《尚书·多士》中说："惟殷先人有册有典。"《礼记·中庸》中说："文武之政，布在方策。"更重要的是《礼记·礼运》中说："大道之行也，与三代之英，丘未之逮也，而有志焉。"所以说，三代圣王的时代，孔子尽管没能赶上，但他们的事迹已经被记载并流传下来。《孔子家语·礼运》篇记孔子之言说："今大道既隐，天下为家，各亲其亲，各子其子，货则为己，力则为人，大人世及以为常，城郭沟池以为固，禹、汤、文、武、成王、周公，由此其选也，而未有不谨于礼。礼之所兴，与天地并。如有不由礼而在位者，则是以为殃。"由于对"今"字理解有误，所以传统上对这句话的理解可能存在问题。实际上"今大道既隐"的"今"不是"现在""当今"的意思，应该依清人王引之《经传释词》"今，指事之词也"为训，强调的是"大道既隐"之后。"今大道既隐"应泛指三代末世，既指夏、商、西周末世，也模糊包含孔子所处的时代。

"三代之英"也就是夏、商、周三代初期的盛世，即上博竹书《从政》等篇所谓的"明王"、《墨子》所谓"三代圣王"。禹、汤、文、武、周公作为最高统治者，他们在各自的时代都是道德、功德的化身，并且能够"事天地之神明"。

可以说，"三代之英"为孔子学术的根基或者直接源头。正如历史学家赵俪生先生所说："孔子思想、儒家思想，这么庞大的体系，垂这么久远的影响，难道它像地下泉水，突然冒出来的吗？恐怕，还是像长江大河，上流有个源头吧。这源头，按朝代段落，就是夏、商、周；按古文献，就是《诗》《书》《易》。孔子说：'周监于二代，郁郁乎文哉'，那么我们可以说，'孔监于三代，郁郁乎文哉'。孔子正是批判综合了'三代之英'，才形成了他的'大道之行'的思想的。"这就是说，孔子思想来源于"三代之英"，借鉴于"三代乱王"，他根据社会的现实进行了深深的思考。

孔子对古代文明的态度是"述而不作"与"因革损益"

孔子对上古文明不仅仅是简单地继承，也存在着创新的精神。孔子曾经自述"述而不作"，这可以看作他对古代文化遗产的继承的保守态度。不过，他的"述而不作"却是"寓作于述""述中有作"的，其中颇可以见出孔子自家的创造和革新。他对古代礼制的"损益"观，就表明他主张根据时代的发展和条件的变化，对古代礼制进行革新、损益。孔子对上古文明的态度主要有两个方面：一是对上古文明的继承；二是在继承的基础上根据时代的需要不断地进行创新。

孔子是上古文明的继承者，他作为"发愤忘食，乐以忘忧，不知老之将至"的一位圣者，遍览了当时几乎所有的文献，正如他自己说："夏礼，吾能言之，杞不足征也；殷礼，吾能言之，宋不足征也。文献不足故也。足，则吾能征之矣。"正是因为夏、商两代的礼仪文明不能被证实，作为具有深切历史感的思想家，他采取了谨慎的态度："周监于二代，郁郁乎文哉！吾从周。"正是因为他认定了周代的礼制可以作为匡正"无道"社会现实的工具，所以他才以继承文王的文化为己任，即使在具有生命危险的时刻，也大义凛然，无所畏惧。他衰老之时，仍常常想到周公，他说："甚矣，吾衰也！久矣，吾不复梦见周公。"可以说孔子所继承的文化是三代文化，里面包含了上古文明的精粹。孔子最得意的学生颜渊问如何治理国家，孔子回答得很详细："用夏代的历法，坐殷代的车子，戴周代的礼帽，音乐就演奏《韶》乐和《舞》乐，舍弃郑国的乐曲，疏远谄媚的小人，这是因为郑国的乐曲有太多不合礼制的因素，容易让人变得追求耳目之欲，而谄媚的小人很危险。"

不过，有一点我们还是可以肯定的，那就是孔子对礼制进行创新的标准在于使天下安定，使社会有序。对上古的"礼制"，孔子的态度是在"损益"的基础上，根据时代的需要不断创新，而三代礼制的"损益"关系也暗合了它有内在的规律可以把握，正是因为孔子掌握了这一规律，所以他才能得出"百世可知"的结论，而这一规律恰恰就是作为礼制内核的"礼义"。

学习思考：

1. 孔子对古代文化的贡献。
2. 孔子思想的渊源。

专题十　齐鲁大文化：一山一水一圣人

王华　曲阜师范大学博物馆馆长

【教学导引】

授课对象：大学一年级、二年级各专业学生

学时安排：2 学时

板书设计：多媒体课件与教师黑板辅助性板书结合

教学方法：教师体系讲授、视频、案例分析、课堂讨论结合

教学目的：引导和帮助当代大学生了解齐鲁文化，增强文化自信；担当起传承传播齐鲁文化的使命，为建设文化强省贡献力量。

教学要点：灿烂悠久的历史文化；丰富多彩的自然文化；独具特色的区域文化；山东文化的精髓；建设山东文化强省。

同学们：

习近平总书记2013年11月在山东曲阜考察时指出："一个国

家、一个民族的强盛，总是以文化兴盛为支撑的，中华民族伟大
复兴需要以中华文化发展繁荣为条件。"山东省从古至今一直是
中国古代文化的发祥地之一。山东大地也被称为齐鲁大地，那是
因为山东大地曾是齐、鲁两国的发源地，齐、鲁两国深厚的历史
积淀和独特的文化色彩，对后世产生了极其深远的影响。本次课
我将与同学们一起学习齐鲁文化、共享齐鲁文化。

一、灿烂悠久的历史文化

历史文化——历史上遗存下来的物质形态的和非物质形态的
文化遗产的总和。山东文化源远流长，文化资源富集丰厚。下面
我从几个方面与大家交流。

（一）山东物质文化遗产

山东是中国古代文明的重要发祥地之一。沂源猿人化石证明，
早在四五十万年前，这里就是古人类生存和繁衍的摇篮。

在山东境内发掘的旧石器时代文明，包括公元前 6200—前
5800 年的后李文化、公元前 5300—前 4300 年的北辛文化、公元
前 4300—前 2500 年的大汶口文化、公元前 2500—前 2000 年的龙
山文化和公元前 1900 年—前 1500 年的岳石文化。汉字的较早发
掘，目前追溯到山东龙山文化的陶片。

在山东发现的"大汶口陶文"和"龙山陶书"距今约 7000—

4000 年之间，是中国最早的文字；"城子崖龙山古城"是中国最早的城邦；"齐长城是中国最早的古代军事防御工程"。

我们山东，有国家级历史文化名城 6 座、省级历史文化名城 10 座、国家级历史文化名镇 1 个、国家级历史文化名村 3 个。其中包括泰山及孔庙、孔林、孔府两处世界文化遗产，泰山还是世界自然文化双遗产，96 处国家级重点文物保护单位，687 处省级文物保护单位。

（二）山东非物质文化遗产

我们山东全省，有国家级非物质文化遗产 78 项、省级非物质文化遗产 309 项，涉及民间文学、民间音乐、民间舞蹈、传统戏剧与曲艺、杂技与竞技、民间美术、手工技巧、民俗、中医药等。

1. 民间文学传说

山东省流传着大量人们耳熟能详的历史传说和民间文学，其中已有 10 项列为国家级非物质文化遗产，包括梁祝传说、孟姜女传说、牛郎织女传说、董永传说、陶朱公传说、麒麟传说、鲁班传说、八仙传说、秃尾巴老李传说和崂山民间故事。列入山东省级非物质文化遗产名录的有 41 项，广为人知的民间传说和故事有孟母教子传说、孔子诞生传说、闵子骞传说、卧冰求鲤传说、东方朔民间传说、女娲神话等等。

2. 民间表演艺术

（1）民间音乐类。民间音乐被列入省级以上非物质文化遗产名录的有 27 项，其中有 9 项是国家级非物质文化遗产，包括聊斋俚曲、鲁西南鼓吹乐、长岛渔号、鲁南五大调、山东古筝乐、诸城派古琴艺术、唢呐艺术、佛教音乐、道教音乐。被列入省级非物质文化遗产名录比较著名的民间音乐有：菏泽弦索乐、临清架鼓、鱼山呗、运河船工号子、山东民歌、大杆号吹奏乐、韶乐、博山锣鼓、商家大鼓、黄河号子等。

（2）民间舞蹈类。民间舞蹈被列入省级以上非物质文化遗产名录的有 40 项，其中有 4 项被列入国家级非物质文化遗产名录，包括秧歌、鼓舞、商羊舞、高跷。被列入省级非物质文化遗产名录比较著名的民间舞蹈有：龙灯扛阁、芯子、花鞭鼓舞、鲁南花鼓、抬花杠、绣球灯舞等。

（3）传统戏剧及曲艺类。被列入省级以上非物质文化遗产名录的传统戏剧及曲艺有 42 项，其中有 23 项被列入国家级非物质文化遗产名录，包括京剧、柳子戏、柳琴戏、五音戏、茂腔、道情戏、一勾勾、山东大鼓、胶东大鼓、山东琴书、山东快书、二夹弦、吕剧、褴腔、山东梆子、莱芜梆子、枣梆、莺歌柳书、山东落子、大平调、大弦戏、四平调、皮影戏。被列入省级非物质文化遗产名录比较著名的民间戏曲有：东路梆子、木偶戏、渔鼓戏、山东花鼓等。

（4）杂技与竞技类。被列入省级以上非物质文化遗产名录的杂技与竞技有 26 项，其中聊城杂技、查拳、蹴鞠、螳螂拳、宁津杂技这 5 项被列入国家级非物质文化遗产名录。被列入省级非物质文化遗产名录的传统体育、游艺与杂技项目有：东阿杂技、梁山武术、梅花拳、大洪拳、崂山道教武术等。

3. 民间美术与传统手工技艺

（1）民间美术类。被列入省级以上非物质文化遗产名录的民间美术有38项，其中有14项被列入国家级非物质文化遗产名录，包括杨家埠木版年画、高密扑灰年画、面人、石雕、曲阜楷木雕刻、核雕、东昌葫芦雕刻、鄄城砖塑、剪纸、聂家庄泥塑等。被列入省级非物质文化遗产名录的民间美术项目有：惠民泥塑、五莲剪纸、济南面塑、鲁绣等。

（2）传统手工技艺类。被列入省级以上非物质文化遗产名录的传统手工技艺有64项，其中潍坊风筝制作技艺、临清贡砖烧制技艺、鲁锦织造技艺、黄金溜槽堆石砌灶冶炼技艺、周村烧饼制作技艺这5项被列入国家级非物质文化遗产名录。被列入省级非物质文化遗产名录的传统手工技艺有59项，包括彩印花布、蓝印花布、龙口粉丝传统手工生产技艺、郓城古筝制作技艺、周村铜响乐器制作技艺、潍坊嵌银漆器、拓砚制作技艺、潍坊刺绣、德州扒鸡制作技艺、孔府菜烹饪技艺、微山渔家虎头服饰、五莲割花技艺、淄博陶瓷烧制技艺等。

4. 社会风俗、礼仪、节庆

被列入省级以上非物质文化遗产名录的民俗节庆活动有24项，其中有7项民俗节庆活动被列为国家级非物质文化遗产，包括祭孔大典、泰山石敢当习俗、惠民胡集书会、渔民开洋谢洋节、渔灯节、泰山东岳庙会、抬阁。其余的被列入省级非物质文化遗产名录，包括宁阳端午彩粽习俗、桃木雕刻民俗、泰山封禅与祭祀习俗、桃源花供、胶东花饽饽习俗、淄博花灯会等。

5. 传统医药技艺

被列入省级以上非物质文化遗产名录的传统医药技艺有 8 项，其中东阿阿胶制作技艺被列为国家级非物质文化遗产，其余被列入省级非物质文化遗产名录，包括宏济堂中医药文化、接骨膏制作工艺、健脑补肾丸制作工艺。

二、丰富多彩的自然文化

山东有丰富的山水自然资源，孕育了独具特色的自然人文文化，主要是山、泉、河、湖、海文化。包括风景名胜区、自然保护区、森林公园、地质公园、湿地公园、河流湖泊、山泉文化、海洋文化等。全省有 5 处国家级风景名胜区、7 处国家级自然保护区和 32 处省级自然保护区。已建立各级森林公园 184 处，其中国家级森林公园 36 处、省级森林公园 59 处、市级森林公园 89 处，经营总面积达 36.64 万公顷。有国家地质公园 6 处，世界地质公园 1 处——山东泰山地质公园，国家城市湿地公园 8 处。

（一）山东风景名胜区

现有泰山风景名胜区、青岛崂山风景名胜区、胶东半岛海滨风景名胜区、博山风景名胜区、青州风景名胜区 5 处国家级风景名胜区。蓬莱阁旅游区、曲阜明故城三孔旅游区、泰山景区被列为中国首批 5A 级旅游名胜区。

省级风景名胜区主要有青岛崂山、青岛海滨、威海刘公岛、威海乳山银滩、威海荣成石岛赤山、青岛啤酒博物馆、青岛海底世界、青岛极地海洋世界、济南灵岩寺、济南跑马岭、济南千佛山公园、趵突泉公园、大明湖公园、威海荣成西霞口、蓬莱海洋极地世界、烟台南山、烟台金沙滩、张裕酒文化博物馆、淄博聊斋城、潍坊沂山、日照五莲山、淄博原山森林公园、临沂蒙山、曲阜六艺城、济宁水泊梁山、枣庄抱犊崮、莱芜雪野旅游区、烟台牟平养马岛、日照万平口、淄博中国陶瓷馆周村古商城等。

（二）山东自然保护区

目前，我省共建立了省级自然保护区 32 处，其中 7 处已被列为国家级自然保护区，分别是马山国家级自然保护区、黄河三角洲国家级自然保护区、长岛国家级自然保护区、山旺古生物化石国家级自然保护区、滨州贝壳堤岛与湿地国家级自然保护区、荣成大天鹅国家级自然保护区、昆嵛山国家级自然保护区。其他省级自然保护区包括长清地质遗迹自然保护区、大公岛自然保护区、崂山自然保护区、微山湖自然保护区等。

（三）山东森林公园

全省已建立各级森林公园 184 处，其中国家级森林公园 36

处，包括崂山国家森林公园、抱犊崮国家森林公园、黄河口国家森林公园、昆嵛山国家森林公园、罗山国家森林公园、长岛国家森林公园、沂山国家森林公园、尼山国家森林公园、泰山国家森林公园、徂徕山国家森林公园等，环境优美，景观独特，具有较大的游览观光、度假休憩、秘学研究、传统教育价值，已成为山东省旅游业的重要组成部分。

（四）山东地质公园和湿地公园

全省已建成国家地质公园 6 处，其中包括世界地质公园 1 处——泰山地质公园，其余的 5 处分别是长山列岛国家地质公园、东营黄河三角洲国家地质公园、山旺国家地质公园、沂蒙山国家地质公园、枣庄熊耳山—抱犊崮国家地质公园。已建成国家城市湿地公园 8 处，分别是荣成市桑沟湾国家城市湿地公园、东营市明月湖国家城市湿地公园等，为人们提供了具有较高科学品位的观光旅游、休闲度假、保健疗养、文化娱乐的场所。

（五）山东河流湖泊

山东的河流比较发达，分属黄河、海河、淮河三大流域或独流入海。全省干流长 50 公里以上的河流有 1000 多条。较重要的有黄河、徒骇河、马颊河、沂河、沭河、大汶河、小清河、胶莱河、潍河、大沽河、五龙河、大沽夹河、京杭大运河、会通河等。

山东的湖泊总面积 1496.6 平方公里，蓄水量 23.53 亿立方米。主要有"南四湖":南阳湖、昭阳湖、独山湖、微山湖,其中微山湖是山东省最大的淡水湖。"北五湖":马扬湖、蜀山湖、南眈湖、马踏湖、东平湖。此外,还有聊城的环城湖、济南的大明湖、章丘的白云湖等。

(六)山东山泉文化

1. 山东省的主要山脉有泰山、蒙山、崂山、鲁山、沂山、徂徕山、昆嵛山、艾山、牙山、大泽山、孟良崮等。泰山以及泰沂山脉的佛教文化、道教文化、石刻文化、庙宇亭台楼阁建筑文化、塔窟、峡谷、溶洞,都是宝贵的文化资源。

2. 山东泉水资源丰富。古人就有"齐多甘泉,甲于天下"的赞誉。济南因为泉水众多,被称为"泉城"。济南市区内有以趵突泉、珍珠泉、黑虎泉、五龙潭为中心的四大泉群,周边县市区有百脉泉泉群、洪范池、涌泉、袈裟泉、玉河泉和白泉六大泉群,具有良好的自然人文环境和旅游价值。位居济南七十二名泉之首的趵突泉,被誉为"天下第一泉",也是最早见于古代文献的济南名泉。

(七)山东海洋文化资源

山东海岸线从日照市绣针河口往北,绕山东半岛直到无棣县的大口河堡,全长 3024 公里,占全国海岸线的 1/6,居全国第二位。

三、独具特色的区域文化

（一）泰山文化

泰山被称为东岳，位居五岳之首，被尊为华夏神山。先秦时代曾经有七十二君到过泰山，祭告天地。秦始皇、秦二世、汉武帝也都到此举行封禅大典。这种封禅祭祀活动在泰山延续了数千年，并贯穿了整个封建社会。1987 年，泰山被联合国教科文组织列为世界自然文化遗产，成为融自然与文化遗产为一体的世界名山。泰山海拔 1545 米，相对高度 1391 米，在周围平原丘陵的衬托下，格外雄伟。有崖岭 138 座、名洞 72 处、奇石 72 块、溪谷 130 条、瀑潭 64 处、名泉 72 眼、古树名木万余株、古遗址 42 处、古墓葬 13 处、古建筑 58 处、碑碣 1239 块、摩崖刻石 1277 处、石窟造像 14 处、近现代文物 12 处，文物藏品万余件。其中城子崖遗址、四门塔、大汶口遗址、灵岩寺、岱庙、千佛崖石窟造像、龙虎塔、九顶塔、冯玉祥墓等，先后被国务院公布为国家重点文物保护对象。

（二）孔孟儒家文化

山东素称"孔孟之乡，礼仪之邦"。儒家学派创始人孔子，就是春秋时期鲁国人。他提出的"仁""礼"思想，是儒家文化的核心思想。孔子的言论思想由其后世弟子辑录编撰成《论语》，与《大学》《中庸》《孟子》并称"四书"，是儒家学派的经典著作之一。战国时期，孟子（今山东邹城人）继承并发扬了孔子的思想，主张施行仁政，并提出"民贵君轻"的思想，主张"政在得民"，反对苛政。在中国两千多年的历史长河中，儒家文化作为一种占统治地位的意识形态，同时也作为一种伦理道德规范，已经沉淀到人们文化心理结构的深层，潜移默化地影响着人们的世界观、人生观和价值观。儒家文化被视为中国古代正统文化，山东人更是深受儒家思想的影响。

（三）宗教文化

1. 道教。道教是传统的齐鲁宗教文化的产物，道教学说，是齐文化中神仙传说的移植与发展。道教全真派发端于渤海之滨的昆嵛山，史载王重阳居此兴道创业，手下有丘处机等七大弟子，号称"全真七子"。青岛崂山，奇山秀水，实乃人间仙境，道教圣地。东岳泰山自古就是人们敬仰和善男信女朝拜的神山，以封禅祭礼为主的古代宗教活动，构筑了泰山独特的宗教文化。宋元以后，山东道教进入繁盛期，形成了具有特色的地域文化——泰山娘娘信仰和八仙信仰。由此而形成的文化资源表现为：两种信仰的宫观遍布山东大地，进入了民间节日、礼仪、民俗庆典的范畴。

2. 佛教。佛教在山东有着悠久的历史。据《山东通志》记载，东汉时期，潍县已建观法寺，东晋还出现了一批著名僧人，僧朗创建的灵岩寺到唐时发展成"四大名刹"之一。山东的佛教文化遗存非常丰富，大致分为济南、青州、崂山、鲁西南几个文化圈，有寺庙、塔窟、摩崖、佛像等。济南周围有灵岩寺、千佛山、四门塔、九顶塔、大佛头等古迹，保存下来众多闻名中外的珍贵文物，如兴国禅寺、龙虎塔、千佛崖造像、摩台基、墓塔林、历代碑刻等。佛教寺庙还有济宁崇觉寺、枣庄青檀寺、汶上宝相寺、荣成法华院、青岛湛山寺等。此外，青州云门山和崂山法海寺都是集佛道文化于一体，体现出当地民众佛道融合的民间信仰。

3. 伊斯兰教和基督教。现有清真寺400多座，著名的有济南清真北大寺、济宁东大寺、青州真教寺、德州苏禄王墓旁的北营清真寺，都有较高的研究和观赏价值。天主教和基督教也有不少风格独特的教堂和遗址，有一定的旅游价值。如青岛的圣爱弥尔教堂、济宁代庄天主堂曾是源德国圣言会全国总会所在地，现仍较完好地保存着。融中西风格为一体的济南经四路礼拜堂、济南洪楼天主教堂、青岛国际礼拜堂、烟台礼拜堂等也已成为吸引大量游客的著名景点。

（四）黄河文化

黄河是中华民族的摇篮，华夏文明的发祥地。几十万年以前，这里就有了人类活动的踪迹。新石器时代的遗址，遍及黄河两岸、大河上下。进入山东的黄河，自西向东流经9个市、27个县

（市、区），汇入渤海。在沿黄河的城市中，有国家级历史文化名城两座——济南、聊城，有省级历史文化名城3座——泰安、济宁、淄博，留下了很多有价值的人文和自然文化资源。

黄河入海口，自然风光原始独特，令人叹为观止。黄河民俗风情浓厚，滩涂台房、渔民生活、渡口文化、防汛习俗、黄河移民等，都有很浓的文化意蕴。黄河三角洲国家级自然保护区（东营市）位于黄河入海口，是以保护野生湿地生态系统和珍稀濒危鸟类为主的湿地类型自然保护区，以其原始状态的自然面貌，造就了野、奇、特、新为主要美学特点的河口景观、湿地景观、草地景观和海滩景观；古齐国的历史和纯朴的民风又组成了丰富的人文景观。这些独具特色的旅游资源，为黄河三角洲高效生态区旅游业的开发提供了良好的条件。

（五）运河文化

京杭大运河，是世界上开凿最早、规模最大、流程最长的人工河流，是中华民族智慧的结晶，是世界文明史上的丰碑，已成功申报世界文化遗产。千百年来，大运河为促进国家统一、民族融合、经济发展、文化交流做出了巨大的贡献。山东地处京杭大运河中段，也是运河全线的制高点，素有"运河水脊"之称，是整个运河的关键阶段。山东沿运河地区包括运河流经的枣庄、济宁、聊城、德州4市，以及菏泽地区东部的巨野、郓城，聊城市的东阿、济南市的平阴等辐射区，共41个县、市、区，土地总面积达3.9万平方公里，占全省土地总面积的24.1%，人口近600万，约占全省总人口的28.5%。济宁作为京杭大运河山东段沿岸最大的港城，曾是明清时期管理大运河事务的河道总督衙门所在地，被称为"运河之都"，更是山东段运河的枢纽，有"济宁通则全河畅，济宁闭则运河断"的说法。

山东沿运河地区曾因发达的运河航运成为山东乃至全国经济文化繁荣的地区。运河带给齐鲁文化以深刻的影响：形成了许多商业城市，极大地促进了运河沿线地区社会经济的发展；留下了众多的名胜古迹和文化资源品牌，积淀形成了丰厚的运河文化遗产；融入了农业文明、商业文明、都市文化的特点，商业色彩较浓，为今天的文化产业发展提供了基础。

（六）历史名人与典籍文化

1. 齐鲁大地拥有深厚的历史文化底蕴，曾产生了一大批历史文化名人。学术思想方面，有孔子、孟子、墨子、颜子、曾参、郑玄、仲长统等；政治军事方面，有管仲、晏婴、司马穰苴、孙武、吴起、孙膑、诸葛亮、戚继光等；历史学方面，有左丘明、华峤、崔鸿、马骕等；文学方面，有东方朔、孔融、王粲、徐干、左思、鲍照、刘勰、李清照、辛弃疾、张养浩、冯惟敏、李开先、李攀龙、蒲松龄、孔尚任、王禛等；艺术方面，有王羲之、颜真卿、李成、张择端、高凤翰等；在科学技术方面，有鲁班、甘德、刘洪、何承天、王朴、氾胜之、贾思勰、王祯等；医学方面，有扁鹊、淳于意、王叔和等。他们的思想、智慧和学术成就，构成了名人文化资源的重要内容，对中华文化的发展产生了广泛而深远的影响。

2. 山东的文化典籍众多，主要集中在先秦、明清时期。先秦典籍以诸子百家的著述最为丰厚，有《论语》《孟子》《管子》《孙子》等；明清时期以小说最为出名，有《水浒》《金瓶梅》《醒世姻缘传》《续金瓶梅》《聊斋志异》《老残游记》等，都是以山东作为故事发生地，并且大部分作者就是山东人。其中，《水浒》故事发生地水泊梁山、《聊斋志异》作者居住地蒲家庄、《金瓶梅》故事发生地临清等，至今古迹犹存。

（七）文化名城、名镇、名村

山东有国家级历史文化名城 6 座，即曲阜、济南、青岛、聊城、邹城、临淄；省级历史文化名城 10 座，即泰安、济宁、青州、淄博、蓬莱、潍坊、临沂、临清、莒县、烟台；中国历史文化名镇 1 个，即桓台县新城镇；中国历史文化名村 3 个，分别是章丘区官庄乡朱家峪村、荣成市宁津街道办事处东楮岛村和即墨区丰城镇雄崖所村。

（八）传统齐鲁文化

人们习惯于将"齐鲁文化"作为一个整体看待，这是 2000 多年来在以儒学为主体的中国传统文化发展中，对齐鲁之学的总体观照。"齐鲁"缘起于先秦齐、鲁两国。西周初年，周武王的弟弟周公旦被分封到殷人的发祥地奄（今曲阜），建邦称鲁；而姜尚也因战功被封于齐，建都营丘（今临淄）。就先秦时代而言，齐文化与鲁文化是在不同的环境基础之上形成的，具有鲜明的不同特色，分属于不同的系统。

齐文化注重发展经济，倡导勤俭持政，具有变革性、开放性、多元性、务实性等特点，是中华传统文化发展史上不可或缺的一环，为我们留下了丰富的遗产资源：如故城遗址、历史遗迹、文物——被称为中国规模最大的地下博物馆的东周殉马坑、车马坑、古墓群、晏婴墓、孔子闻韶处等；齐长城遗址——从长清岭子头，经泰莱山脉直到黄河入海处；齐风——齐国宫廷音乐被时人叹为浩浩荡荡，泱泱大风；还有韶乐，有"孔子闻之，三月不知肉味"之说。

鲁文化可用"礼乐文化""礼仪文化"来表述。具体表现为重礼、重德、重义、重农、重亲情、重传统等方面，以其博大精深的体系、丰富的思想内涵、紧密契合社会现实需要等特质，一度成为春秋战国时期中国文化发展的"中心之中心"，而且也因此成为秦汉以来两千多年中国传统社会文化的主体，对中华民族共同文化心理、共同民族意识的形成，以及人们的道德伦理、价值取向、生活习俗等等，都产生了深远的影响。鲁文化遗产资源有少昊陵、周公庙、鲁国故城、孔庙、孔府、孔林、私学、六艺、周朝礼乐、祭孔大典、孔府宴、孔门弟子颜回庙、亚圣孟子以及微子墓、邾国故城等，是山东文化名牌，也是中国文化名牌、世界文化名牌。其中曲阜孔庙、孔府、孔林于 1994 年入选《世界遗产名录》。

四、山东文化的精髓

（一）自强不息的刚健精神

刚健自强，是齐鲁文化的基本精神之一，是其发展的内在动力。它似源头活水，给齐鲁文化注入无穷活力。齐鲁文化的主要代表人物姜太公、管仲、晏婴、孔子、孙子、墨子、孟子等，以他们为代表的儒、墨、管、兵等家学派，都是积极入世、救世，充满刚健进取、自强不息的精神。孔子提出"自强不息"原则："天行健，君子自强不息"。孙子兵家，为安定统一天下，主张用正义的战争制止不义之战。墨家比儒家有过之而无不及，为救世救民，推行其兼相爱、交相利的主张，"日夜不休，以自苦为极"，"摩顶放踵利天下为之"。其他齐鲁诸子，虽观点不同，但都强调刚健进取。

（二）崇尚气节的爱国精神

气节，即志气和节操，指的是为坚持正义和真理，宁死不向邪恶屈服的品质。气节之中，民族气节为重。民族气节是爱国主义的道德基础，是不屈不挠的奋斗精神和强烈的忧国忧民意识。齐鲁诸子共同铸就了齐鲁文化尚气节的爱国精神，但是最突出的还是儒家。孔子"三军可夺帅也，匹夫不可夺志也"；孟子"富贵不能淫。贫贱不能移，威武不能屈"，善养"浩然正气"，以充塞天地的气概，推行其王道主义，把治理天下作为己任，提出"乐以天下，忧以天下"的主张，为追求真理，维护正义，可以舍生忘死。

（三）经世致用的治世精神

儒学本来就是一门经世之学，儒家之学的一个显著特点就是经世精神。所谓"经世"，即"经世致用"。"经世"有时写作"经济"，即"经国济世"，意义相同。"经世"是指称儒家极其关心社会、参与政治，以祈求达到天下治平的一种观念。"经世"概念最早见之于《庄子·齐物论》："《春秋》经世，先王之志，圣人议而不辨。"孔子强调"仁"的观念时说："夫仁者，己欲立而立人，己欲达而达人。能近取譬，可谓仁之方也。"有弟子问何为儒家的理想人格"君子"，子曰："修己以敬。"曰："如斯而已乎？"曰："修己以安人。"曰："如斯而已乎？"曰："修己以安百姓。修己以安百姓，尧、舜其犹病诸！"孔子的回答就是经世的。

（四）人定胜天的担当精神

人定胜天精神的代表人物是荀子。《荀子·天论》云："天有其时，地有其财，人有其治，夫是之谓能参。舍其所以参而愿其所参，则惑矣。"明确天人之分，提出"制天命而用之""人定胜天"的光辉思想，强调人的能动作用，这种思想在古代是难能可贵的，里面充满了辩证、唯物精神。

（五）"民贵君轻"的民本精神

"民贵君轻"思想是孟子首先提出来的。《孟子·尽心下》："民为贵，社稷次之，君为轻。"最早提出"以人为本"的是管仲，而鲁国的儒、墨在"重民""爱人"方面更加激进，理论也更系统。孔子的仁学思想体系，就是在民本思想基础上建立起来的。

（六）厚德仁民的人道精神

人道精神，是齐鲁文化的灵魂和核心。齐鲁文化是围绕"人"这个核心展开的，因此，我们把齐鲁之学概括为"人学"或"仁学"。也就是说，齐鲁诸子百家，无不高举人道旗帜，把人作为治国的根本。孔子是当时甚至是中国古代最光辉的一面人道主义的旗帜，他创立的儒家文化体系称为仁学体系，也就是人学体系。他那"仁者爱人"的命题，是人道精神的最高体现。

（七）大公无私的群体精神

群体主义精神，是齐鲁诸子、各家学派的又一共同主导精神。

管仲及管仲学派认为合群、团结、万众一心是力量的源泉、克敌制胜的根本。孔子把"和""同"分开，强调："君子和而不同"，为其大公合群的思想建立了理论基础。孔子在总结前人关于群体主义思想的基础上提出了"天下为公"的"大同"理想，并绘制了他那理想社会的蓝图。大公无私的群体精神和集体主义观念是我们民族数千年文明历史发展的结晶，是我们民族的优秀传统精神之一，它对我们民族的心理心态、价值观念、伦理道德和思维方式都有深刻影响，对我们国家和民族的发展所起的积极作用是巨大的。

（八）勤谨睿智的创新精神

齐鲁文化中勤谨睿智的创新精神，可以上溯至史前东夷人的发明创造，小至弓、矢、舟、车的发明，中至鱼、猎、农、牧、酿造、冶炼技术的创造，大至天文、地理、律历、礼乐制度的发现和创建。春秋战国时代，齐鲁地区再现了史前东夷文化繁荣。管仲改革，就是一次宏伟的创新工程，从政治、经济、文化、教育到军事等，都有重大的创建。孔子是伟大的思想家、教育家。过去人们受"述而不作"夫子自道的束缚，认为他只是文化的继承和传授者，其实，他的思想文化的创造革新是全面的，无与伦比的。

五、建设山东文化强省

山东是文化大省，悠久的历史，灿烂的文化，优美的自然风光构成了内容丰富、特色鲜明的自然景观和人文景观，是山东"文化强省"建设优势和基础。山东最早提出建设"文化强省"。由"大"到"强"，一字之变，凸显山东发展先进文化的决心和信心。

（一）总体要求

以马列主义、毛泽东思想、邓小平理论和"三个代表"重要思想为指导，以科学发展观统领全局，深入贯彻落实党的十八大精神，按照习近平总书记视察山东时的总要求，牢牢把握社会主义先进文化前进方向，以构建社会主义核心价值体系为根本，大力建设和谐文化，弘扬民族优秀文化传统，借鉴人类有益文明成果，发展面向现代化、面向世界、面向未来的，民族的科学的大众的社会主义先进文化，不断满足人民群众日益增长的精神文化需求，努力提高全省人民的思想道德和科学文化素质，为全面建设小康社会、建设"大而强、富而美"的社会主义新山东、努力构建社会主义和谐社会，提供强有力的思想保证、精神动力和智力支持。

（二）发展目标

努力构筑文化精品不断涌现、文化市场繁荣发展、文化设施配套齐全、文化生活丰富多彩的文化生产服务体系，保障和满足人民群众的基本文化需求；文化产业增长速度高于同期国民经济增长水平，文化创新能力、整体实力和竞争力明显增强；文化发展水平与全省经济社会发展水平相适应，思想理论、科技教育、学术研究、文艺创作设施建设、事业投入等主要指标居全国前列，人民群众的思想文化素质、文化生活质量及社会文明程度显著提高；具有 21 世纪崭新时代风貌、数千年悠久历史传统和鲜明地域特色的齐鲁文化在国内外产生重要影响，文化强省建设取得重大进展。到 2020 年，形成与经济社会发展相适应的文化优势，与山东经济地位相适应的文化实力，与人民群众精神文化需求相适应的文化条件，把山东建设成为思想基础巩固、服务体系健全、产业优势突出、发展活力强劲的文化强省。

（三）发展重点

1. 思想道德建设工程

把建设社会主义核心价值体系贯穿于文化建设全过程，坚持不懈地用马克思主义中国化最新成果武装思想，用中国特色社会主义共同理想凝聚力量，用以爱国主义为核心的民族精神和以改革创新为核心的时代精神鼓舞斗志，用社会主义荣辱观引领风尚。

繁荣发展哲学社会科学，搞好科学思想的宣传普及。加强社会公德、职业道德、家庭美德、个人品德建设。培育和发扬"改革创新、开放包容、忠诚守信、务实拼搏、敢为人先"的新时期山东精神。

2. 文化体制改革工程

加快文化体制改革步伐，全面推开改革试点工作。深化公益性文化事业单位内部改革，引入竞争和激励机制，推动劳动人事、收入分配和社会保障制度创新。加大政府对文化的投入力度，支持和保障公益性文化事业发展。积极稳妥地推进出版、发行、演艺、影视制作等国有经营性文化事业单位改企转制，推动国有文化企业公司制、股份制改造，形成一批有实力、有活力的国有或国有控股文化企业，使之成为真正的市场主体。创新文化管理体制，转变政府职能，逐步实现由办文化向管文化转变。加强国有文化资产监督管理，确保国有文化资产保值增值。

3. 文化载体建设工程

增强公共文化产品供给能力。加快重点文化设施建设，发展农村和社区公共文化事业，搞好社区和乡镇综合文化站、广播电视村村通、文化信息资源共享、农村电影放映、农家书屋等公共文化服务项目建设。加强文物和非物质文化遗产的抢救和保护，变文化遗产优势为文化发展优势。广泛开展群众性文化活动，加强社区文化、企业文化、村镇文化、校园文化建设，用先进文化占领城乡基层文化阵地。

4. 文化产业发展工程

突出山东特色，搞好文化产业规划布局。加强文化产业聚集区、文化产业园、文化产业带的规划建设，培植广播影视、新闻出版、动漫与创意等文化支柱产业，扶持发展100个重点文化产业项目。实施大集团发展战略，鼓励出版、发行、广电、报业等国有大型文化企业整合行业资源，组建若干大型文化传媒集团。大力发展中小文化企业，形成富有活力的优势文化企业群。加强文化产品市场和要素市场建设，完善现代文化市场体系。实施文化品牌带动和文化"走出去"战略，办好文博会、国际孔子文化节等重大节庆活动，推动齐鲁文化走向世界。促进文化产业与相关产业联动发展，打造文化旅游品牌。到2012年，文化产业增加值占生产总值的比重超过3%，成为经济发展新的增长点。

5. 文化精品打造工程

文化精品是传承民族精神的火炬，是文化发展繁荣的标志。要坚持贴近实际、贴近生活、贴近群众，推进文化创新，营造创作氛围，繁荣各种文艺形式，促进文艺创作百花齐放、推陈出新。鼓励支持广大艺术家、文化创作者站在改革开放第一线，高扬时代主旋律，从传统历史文化和丰富的现实生活中汲取营养，创作出更多反映优秀文化传统、热情讴歌时代精神的精品力作。在文学、戏剧、影视、动漫、书画、曲艺、杂技等领域获得更多奖项，树立山东文化在全国的地位。

6. 文化发展环境工程

创造文化发展的良好环境，形成文化发展的整体合力。强化政府公共文化管理和服务职能，推动公共文化资源配置向农村、社区、欠发达地区倾斜，为基层群众提供优质高效的公共文化服务。加强舆论引导，大力营造重文化、兴文化的浓厚氛围。加强文化法制建设，完善地方性文化法规规章。建立健全文化工作的领导体制和机制，形成上下联动、各负其责、相互配合、齐抓共管的工作格局。

7. 人才队伍培育工程

实施"齐鲁文化英才工程"，着力培养造就一批名家大家，一批各专业领域的领军人物，一批掌握现代传媒技术的专门人才，一批懂经营善管理的复合型文化人才。营造宽松的创作环境，拓宽人才引进渠道，吸引海内外高层次文化人才、经营管理人才来山东发展。建立人才激励机制，对做出突出贡献的文化工作者给予重奖。完善文化人才选拔、流动机制，促进优秀文化人才脱颖而出。

8. 曲阜文化传承发展示范区建设工程

该工程已经列入国家、山东省"十三五"规划。围绕建设"全国道德礼仪首善之区"，大力加强社会主义核心价值观建设，推动儒学思想的大众化、民俗化，打造全省全国道德高地，培育彬彬有礼、崇德向善、和善向上、忠孝仁义的儒韵民风；围绕建设"全国历史文化遗产保护传承示范区"，实施一批重大文物保护工程，加强国家大遗址曲阜片区、世界文化遗产的保护、展示和利用工作，深入挖掘文化遗产的历史、文化、科学价值，全面提升文化遗产保护展示、展演水平和传播能力；围绕建设"全国文化经济融合发展示范区"，以"传统文化创造性转化、创新性发展"为努力方向，加快把文化资源优势转化为产业优势、发展优势，全力把文化旅游产业打造成战略性支柱产业；围绕建设"组织引领国际儒学研究创新中心"，抓住用好省委支持我市建设全省儒学人才汇聚发展高地的机遇，发挥孔子研究院、曲师大、济宁学院等高校和研究机构的作用，加强与国内外儒学研究机构的交流合作，进一步强化济宁在世界儒学研究创新中的地位；围绕建设"世界文明交流互鉴高地"，用好孔子学院总部体验基地这个平台，借助"一带一路"国家战略和世界各地孔子学院，研究推动儒家文化更广更深走出去的路子，全面提升孔子文化节、世界儒学大会、尼山世界文明论坛的举办层次，为"我国在东亚儒家文化圈中居于主动、在世界儒学传播和研究中始终保持充分话语权"，为提升中华文化的世界影响力做出应有贡献。

学习思考：

1. 山东文化的精髓是什么？
2. 如何建设山东文化强省？

专题十一　儒家诚信治学与当代学术诚信建设

成积春　曲阜师范大学历史文化学院教授

【教学导引】

授课对象：大三、大四各专业学生

学时安排：2 学时

板书设计：多媒体课件与教师黑板辅助性板书结合

教学方法：教师体系讲授、视频、案例分析、课堂讨论结合

教学目的：引导和帮助大学三年级以上文科大学生认识儒家治学之道，了解儒家诚信治学的原则，培养大学生严谨治学之精神，坚守学术道德，遵守学术规范。

教学要点：儒家诚信治学的原则——求真务实、以德治学、经世致用；儒家诚信治学原则对于当代学术研究的巨大启示；当代大学生传承和弘扬儒家诚信治学之传统。

同学们：

曲阜师大设学孔子故里，作为曲园人，同学们学于斯，研于

斯，成长于斯，每个人的身心与言行都应通体透着儒家文化的底色。作为高年级文科大学生，正值学研结合之时，我们应当了解儒家治学之道。那么，儒家治学之道的根本是什么？儒家诚信治学的基本要求是什么？如何加强当代学术诚信建设？本次课，我将就这些问题，结合自己多年的思考与研究，与同学们作番交流，简要地讲三个问题。

一、诚信为本：儒家治学的基本要求

（一）诚信治学以求道传学

儒家学说是志道之学，其倡导"学而时习之"的目的所在，即是对于真理的追求。孔子说，"士志于道"。其弟子子夏则言，"百工居肆以成其事，君子学以致其道"，即是说士人学子学习的目的，在于对真理即"道"的探索和追求。在儒家看来，一旦可以把握"天理"，即可"豁然贯通焉，则众物之表里精粗无不到，而吾心之全体大用无不明矣"，从而实现"天人合一"。而如何实践，则是"诚"。《中庸》所谓"诚者，天之道也，诚之者，人之道也"，即是说人能够做到"诚"是天的"道"，是天之法则，而成为一个具备"诚"的品质的人，则是人的"道"，是做人的法则。同时，"诚者，不勉而中，不思而得，从容中道，圣人也"，即认为能够做到"诚"的人，不会勉强地为人处世，无须思索就能够言行得体，从容不迫即达中庸境界，这种人就是圣人了。因此，儒家治学，首先讲究"诚"，究其原因，是对"道"的追求所致。

在具体做法上，孔子强调，"述而不作，信而好古"，其意被朱熹解释为："作，则创始也，故作非圣人不能，而述则贤者可及。孔子删《诗》《书》，订《礼》《乐》，赞《周易》，修《春秋》，皆传先王之旧，而未尝有所作也，故其自言如此。"是儒家要求儒者秉承"诚"之思想，对古之圣贤坚信不疑，用"信"来传习经典，在"信"的基础上研习和发展，为儒家独有的"以信传学"的传学方式。冯友兰先生认为："这种以述为作的精神，被后世儒家的人传之永久，经书代代相传时，他们就写出了无数的注疏，后来的《十三经注疏》，就是用这种精神对经书原文进行注释而形成的。"

（二）诚信治学以修己安人

内圣外王、修己安人是贯穿儒家思想的重要内容，治学之道亦不例外，诚信治学也以修己安人为重要目的。子曰："古之学者为己，今之学者为人。"就是针对当时治学存在的问题所发出的感慨。其主张治学动机要单纯，要以"诚"为基础，来修"为己之学"。此后，荀子以君子之学诠释"为己之学"的概念，包括两点：一是以修身作为治学之目的，其意自然离不开"诚"；二是"重践履"，要求治学重视实践，为"治实学"的倡导，也需要以"诚"为指导。故孔安国说："为己，履而行之，无为人徒能言之也。"其意亦是如此。

在安人方面，即所谓授业安人。子曰："夫仁者，己欲立而立人，己欲达而达人。"孟子曰："善推其所为而已矣。"就是要求拥有才华的人，不应该将才华藏匿起来，消极避世，而是应该传道授业，兼济天下。而这种安人、达人的主张，必然要以"信"为其基本，用"信"来调节和约束人与人之间的关系，实现安人之目的。儒家力倡"信"，孔子极重"信"，《论语》之中言及"信"之处极多，仅次于"仁"。"信"是儒家伦理中"礼"之道的重要延伸，一方面是自身修养的重要内容，另一方面也是人与人之间的契约关系得以维系的重要条件。

（三）诚信治学以经世致用

所谓经世致用，就是"经邦济世之学"，即有利于国家发展的实用之学，要求士人学子在治学之中，一定要注重实际，实事求是，不能闭门造车、坐而论道。如此，则必须以诚信为治学之根本。一方面，要求士人学子们，治学要从实际出发，面对社会的现实，解决社会的实际问题。另一方面，要求士人学子们，在治学之中要实事求是，不能东拼西凑、粗制滥造。

二、当代学术研究呼唤儒家诚信治学传统的回归

（一）学术研究的影响力空前扩大，诚信治学是学术研究和科技实践的前提

相比传统学术，现代学术研究往往响力巨大，甚至具有决定性意义。因此，更离不开诚信治学。儒家诚信治学，以诚志道，是对于真理的探索，对客观事实的追求，放之现代，亦是对科研工作最基本的要求。往往伪造的数据、杜撰的成果、抄袭拼接的论文、凭空臆断的实验，不仅仅会影响个人，更会给社会、对科研工作带来极其严重的后果——学术造假会严重影响相关领域的研究，阻碍科技的发展，同时假科技的应用，在实践中也会对社会造成极大的损害。如 2009 年爆出的韩国教授黄禹锡事件。其所做的干细胞研究工作被证明是子虚乌有，但他多年来杜撰的相关数据和研究成果，已经在干细胞研究领域产生了深远的影响，并不能顷刻之间就被消除掉。因此，只有在坚持诚信治学的前提下，学术研究工作才能够进行，科技实践工作才可以开展。否则所进行的学术研究不过是一场精心布置的骗局，对社会有百害而无一利。

（二）学术领域涉及利益增多，学术研究需要诚信治学

当代学术研究所涉及的相关利益增多：从价值追求上而言，

学界始终存在着对于"优先权"追求的争议，即学术研究过程中，研究者过分关心别人是否承认自己的研究成果，期待自己工作的价值得到认可。对此，儒家则强调诚意正心，讲求"慎独"的行为方式，将道德理念置于学术成果之上，以德治学，更注重通过治学来培养人的高尚品德，从而实现对于"道"的追求，而不是一味地希望用所谓的科研成果来证明和实践自己的价值。

从物质回报上来说，一项重要科研成果的诞生往往会为社会生产力的提高带来显著的影响，而由此所带来的个人回报，也通常是无比丰厚的。儒家治学，虽没有对物质利益表示明确的排斥，但根本目的却并非追求物质利益，而是对客观真理的追求。孔子说过："朝闻道，夕死可矣。"这种对道的追求，是可以不惜生命的，在这种义利观的指导下，也就不会为纯粹的金钱利益而"折腰"了。

（三）学术权威面临更多挑战，诚信治学有利于维护学术信誉

对广大的研究者而言，一些权威机构、著名学术期刊、著名专家学者是他们心中的圣地和传奇，具有高度的权威性。然而近年来一些学术不端的行为，却严重损害了这些学术权威的信誉，使之深陷丑闻风波之中。如"舍恩事件"中，牵涉贝尔实验室，《自然》《科学》杂志等权威机构都深陷丑闻之中。对于治学而言，打破权威固然是好事，但因丑闻而打破权威，却不能被称之为好事。诚信缺失的概念一旦散播开来，再无权威可信的话，学

术成果的印证和传播也将受到严重影响。而保持学术权威，就必须讲究诚信，也就需要从儒家诚信治学当中汲取营养。

（四）社会浮躁之风有所蔓延，诚信治学是良好学风形成的开端

社会浮躁之气也是导致学术诚信缺失的重要原因之一。当今社会发展异常迅猛，学术研究不断深入，科技创新日新月异。但这种快节奏，也使得研究者心浮气躁，使踏踏实实做学问的人少了，急于求成的人多了。学术研究不是一蹴而就的事情，一些研究需大量论证、探讨才能有结果。但很多学者无法经受这样的考验，久而久之，面对自己陷入瓶颈期的研究，再对比其他人的丰硕成果，就会产生严重的心理反差，就会慢慢走向歧途。

因此，学术研究，必须遏制虚浮学风，形成求实的良好学风。儒家倡导的诚信治学，可谓是对症下药，成为良好学风形成的开端。古人治学以考据为重，讲究用事实说话，实事求是，在圣贤典籍中寻真问道。同时，儒家诚信治学中，重视"信"的约束力量，在传统社会，通过名誉传播的方式，形成强大的社会监督力量。这一点，放之现代社会，虽然具体做法有所不同，但其基本思想依然行之有效，即建立强大的评议机制和惩戒机制，强化对学术不端行为的监督和惩处，软硬兼施，从而确保良好学风的形成。

三、当代学术诚信建设的实施路径

习近平总书记在 2016 年 5 月 17 日召开的哲学社会科学工作座谈会上谈道："要把社会责任放在首位，严肃对待学术研究的社会效果"；"要大力弘扬优良学风，把软约束和硬措施结合起来，推动形成崇尚精品、严谨治学、注重诚信、讲求责任的优良学风，营造风清气正、互学互鉴、积极向上的学术生态"；"广大哲学社会科学工作者要树立良好学术道德，自觉遵守学术规范"。这三项具体要求，从社会责任、学风建设、研究者自身道德修养三个层面，为当前学术研究的诚信建设指明了道路。结合儒家传统的诚信治学观念，我们可以提出以下几点路径：

（一）强化诚信治学观念，塑立社会责任感

对于广大的研究者来说，从事学术研究工作，首先要明确学术研究的价值追求。儒家传统治学，首要是明确"士志于道"，从而"以诚治学"。这与现代学术研究追求真理不谋而合，这一点上，弄虚作假是万万不行的。

与此同时，儒家还格外强调安人之道、经世致用，即学术研究绝不是悬浮在空中的亭台楼阁，应有极其强的使用价值，为社会服务，肩负社会责任。这一点上，习近平总书记要求："要把社会责任放在首位，严肃对待学术研究的社会效果，自觉践行社

会主义核心价值观，做真善美的追求者和传播者，以深厚的学识修养赢得尊重，以高尚的人格魅力引领风气，在为祖国、为人民立德立言中成就自我、实现价值。"这就要求研究者在追求真理的同时，也注重承担社会责任，做真真正正利国利民的学术研究，为国家的发展、社会的进步贡献自己的力量。

（二）完善学术评议制度，弘扬优良学风

学风建设，是确保诚信治学的关键所在。习总书记强调，加强学风建设，要"把软约束和硬措施结合起来"。即是说，对于诚信治学、学风建设，仅仅从道德层面进行宣讲是远远不够的。我们一方面要强调古代儒者对诚信治学的坚守和定力，另一方面必须有强有力的硬措施加以巩固，才能确保行之有效。这就需要我们完善学术评议制度。

学术评议制度，是对研究者的学术成就进行考核的重要制度保障。完善学术评议制度，一方面可以杜绝学术研究中的不正当竞争，另一方面也可以及时发现学术不端行为，进行惩戒处罚，这是除法律手段之外在学术研究领域的一项重要制度建设。当前的学术评议制度存在着诸多弊端，例如在评价标准上，不能够充分考虑学术研究的规律，多以研究成果作为重要考核指标，简单粗暴，从而使粗制滥造横行，虚假剽窃成风。在评价主体上，也未能做到完全的公平公正，往往是靠权威、看名声，对一些年轻学者的成果难以展示，部分助长了虚荣浮夸之风。要通过设定终

身信誉档案，制定多样化信誉评级标准，同时将德行作为评议的重要参考标准，另外进行长时段评议检验等等。

（三）严谨治学，树立良好学术道德

对于个人而言，诚信治学是进行学术研究的基本要求。儒家强调为己之学，从治学本质上来说，就是自我的修身养性。对当代的研究者来说，从事学术研究，不仅是贡献国家、造福社会的一种行为，同样也是修养自身的一种方式。通过对客观世界的探索，解答自己心中的疑惑，提高个人的学识和修养。而将自己的知识分享给他人，造福他人的时候，也同样实现了自己的社会价值。就此而言，保持学术诚信，是一件纯粹"为己"的事情。但当下很多研究者，却在这一点上执迷不悟，分辨不清。因眼前的小利而放弃节操，在学术研究上不思进取，用尽花样手段，对学术不端行为毫无羞耻感。一些人甚至到其丑闻被暴露出来，依然言之凿凿，声言清白，无耻程度令人瞠目。因此说，做学问必先树立良好的学术道德，这既是社会公德，更是个人私德！

学习思考：

1. 儒家诚信治学的基本要求是什么？

2. 当代学术诚信建设的实施路径有哪些？

专题十二　确保党肩负起民族复兴领导重任的根本大法

——学习把握新党章的思想精髓

宋钧文　曲阜师范大学马克思主义学部党委副书记

【教学导引】

授课对象：大学文科、入党积极分子

学时安排：2 学时

板书设计：多媒体课件与教师黑板辅助性板书结合

教学方法：教师体系讲授、视频、案例分析、课堂讨论结合

教学目的：引导和帮助当代大学生，尤其是入党积极分子学习十九大修正通过的新党章，认识党章的地位和作用，认识新党章重大历史贡献和新党章鲜明时代特性，坚定"四个自信"，做到"两个维护"。

教学要点：党章的地位和作用；新党章重大历史贡献；新党章鲜明时代特性；做"两个维护"践行者。

同学们：

2019 年是我们党建党 98 周年。98 年来，我们党从小到大，从弱到强，队伍日益壮大。目前有多少党员呢？中共中央组织部最新统计为 9059.4 万。这是一个什么概念？这个数量比英国、葡萄牙、希腊、朝鲜四个国家的人口加起来还要多几万啊，无愧于世界第一大政党。作为新时代的大学生，尤其是要求入党的积极分子，我们有理由为自己的选择与追求感到光荣和自豪。

如此一个世界上的第一大政党，靠什么凝聚整合起伟大的力量？靠什么保证全党的统一？靠什么保持全党的步调一致？靠的是中国共产党党章——党的根本大法。

十年"文革"结束后，面对法制、党规党法遭到破坏，邓小平呐喊出一句名言："国要有国法，党要有党规党法。党章是最根本的党规党法。"① 强调了党章的重要性。正因为党章是党的根本大法，全党必须严格遵守。因此，历史上历届党的代表大会基本上都要根据形势的发展变化，对党章进行一定的必要的修正，以适应党在特定阶段任务、目标的完成和理论创新成果的吸纳，推进党的事业继续发展。新时代召开的党的十九大也不例外，同样对党章做了重大的必要的修正，形成了新的党章。

2012 年 11 月 16 日，习近平总书记在十八届中央政治局会议讲话中强调："各级领导干部要把学习党章作为必修课，走上新的领导岗位的同志要把学习党章作为第一课，带头遵守党章各项

---

① 《邓小平文选》第二卷，北京：人民出版社，2009 年，第 147 页。

规定。""要把学习党章作为各级党校、干校培训党员领导干部的必备课程。要把检查学习和遵守党章情况作为组织生活会、民主生活会的重要内容。"

2016 年 4 月 28 日，习总书记在安徽调研时指出："不论是高级干部还是普通党员，要做合格党员，学习贯彻党章都是第一位的要求。"

新时代的大学生是国家的未来，民族的希望，是党的事业重要的后备力量来源。我们应当了解和认识党章的地位和作用，把握新党章的思想精髓。今天结合自己对新党章的学习领悟，与大家作个交流，主要讲两个大的问题：一、新党章重大历史贡献；二、新党章鲜明时代特性。

一、新党章重大历史贡献

党的十九大修正通过的新党章有总纲、十一章（党员、党的组织制度、党的中央组织、党的地方组织、党的基层组织、党的干部、党的纪律、党的纪律检察机关、党组、党和中国共产主义青年团的关系、党徽党旗），五十五条（十八大党章五十三条），1.94 万字。新党章有很多重大的历史贡献，时间关系我简要地讲两点：

（一）进一步确立和巩固了习近平同志在全党的"核心"地位

2016年10月，党的十八届六中全会召开，在大会发表的公报里，提出了一个令世人最为关注的重大政治命题——以习近平同志为核心的党中央。这在当时引爆了全世界政治家和资深媒体人的眼球。为什么？

大家现在可能习以为常了，但在2016年10月，习近平总书记执政仅仅四年，就提出"以习近平同志为核心的党中央"的命题，的确是非常令世人瞩目。

十九大通过修正的新党章，在总纲部分新增加了一段话，十分明确指出：牢固树立政治意识、大局意识、核心意识、看齐意识，坚定维护以习近平同志为核心的党中央的权威和集中统一领导。在十九大修正的新党章里，"习近平"三个字出现了11次。由此不难看出，新党章以党的根本大法的形式进一步确立和巩固了习近平同志在全党的"核心"地位，是党心所向，民心所向。

（二）丰富发展了党的指导思想

新党章的另一大历史贡献是将"习近平新时代中国特色社会主义思想"写入党章，并确立为党的指导思想。

新思想的科学定位。习近平新时代中国特色社会主义思想是对马克思列宁主义、毛泽东思想、邓小平理论、"三个代表"重要思想、科学发展观的继承和发展；是马克思主义中国化最新成果；是党和人民实践经验和集体智慧的结晶；是中国特色社会主义理论体系的重要组成部分；是全党全国人民为实现中华民族伟大复兴而奋斗的行动指南。

二、新党章鲜明时代特性

（一）空前强调"党"领导一切

习近平总书记以强烈的忧患意识和担当精神，在党的十九大政治报告中强调指出："伟大的事业必须有坚强的党来领导。"在这一思想的指引下，党的十九大通过的新党章在总纲里新增了耀眼的一段内容："中国共产党的领导是中国特色社会主义最本质的特征，是中国特色社会主义制度的最大优势。党政军民学，东西南北中，党是领导一切的。"

习近平总书记高度重视意识形态工作，他曾十分尖锐地指出，能否做好意识形态工作，事关党的前途命运，事关国家长治久安，事关民族凝聚力和向心力。为此，新党章在总纲中新增了："牢牢掌握意识形态工作领导权，不断巩固马克思主义在意识形态领域的指导地位，巩固全党全国人民团结奋斗的共同思想基础。"

党对军队的领导是我军的建军之基、立军之本。十八大通过的党章在总纲中强调："中国共产党坚持对人民解放军和其他人民武装力量的领导。"而新党章则在"领导"前面增加了"绝对"二字,旨在重点强调党对军队的领导是不可置疑的。

中共中央印发《中共中央关于调整中国人民武装警察部队领导指挥体制的决定》,自 2018 年 1 月 1 日零时起,武警部队由党中央、中央军委集中统一领导,实行中央军委 – 武警部队 – 部队领导指挥体制。《决定》明确,武警部队归中央军委建制,不再列国务院序列。武警部队建设,按照中央军委规定的建制关系组织领导。

针对中央巡视组在对央企巡视过程中发现党的建设滞后于企业发展,党的领导严重弱化的问题,新党章在第三十三条单独新增了一段内容:"国有企业党委(党组)发挥领导作用,把方向,管大局,保落实,依照规定讨论和决定企业重大事项。"对国企加强党的领导具有重要指导意义。

(二)空前强调"政治"首位

习近平总书记在党的十九大政治报告中指出,党的政治建设是党的根本性建设,决定党的建设方向和效果。保证全党服从中央,坚持党中央权威和集中统一领导,是党的政治建设的首要任务。全党要坚定执行党的政治路线,严格遵守政治纪律和政治规矩,在政治立场、政治方向、政治原则、政治道路上同党中央保持高度一致。

在这一思想的指导下,十九大通过的新党章总纲在十八大党

章提出的"加强人民解放军的建设"后面，新增加了"坚持政治
建军，改革强军，科技兴军，依法治军，建设一支听党指挥、能
打胜仗、作风优良的人民军队"的内容。十分明显，在军队建设
上，新党章将"政治建军"放在首位，是对我们党政治建军传统
的继承和弘扬。

在党的建设问题上，新党章明确强调"以党的政治建设为统
领，全面推进党的政治建设、思想建设、组织建设、作风建设、
纪律建设，把制度建设贯穿其中"，将党的政治建设置于"统领"
地位具有战略眼光。

新党章总纲新增加了"加强和规范党内政治生活，增强党内
政治生活的政治性、时代性、原则性、战斗性，发展积极健康的
党内政治文化，营造风清气正的良好政治生态"，在这仅有的 64
个字的表述里，就有 5 个"政治"。

新党章总纲在十八大党章提出的"党必须加强对工会、共产
主义青年团、妇女联合会等群团组织的领导"后面，新增了"使
它们保持和增强政治性、先进性、群众性"，不仅确立了党对群
团的领导地位，也对党的领导目标进行了定位。

新党章第一章第三条在党员义务第四项"自觉遵守党的纪
律"后面，新增了"首先是党的政治纪律和政治规矩"；十八大
党章第五条规定："发展党员，必须经过党的支部，坚持个别吸
收的原则。"新党章在"发展党员"后面增加了"把政治标准放
在首位"；新党章将党的纪律专门列为第四十条，并鲜明地指出

"党的纪律主要包括政治纪律、组织纪律、廉洁纪律、群众纪律、工作纪律、生活纪律",依然将"政治纪律"放在首位。因此,新党章空前强化"政治"意识。

（三）空前强调"人民"至上

习近平总书记曾经指出:"从毛泽东同志关于共产党人必须全心全意为人民服务的重要思想,到邓小平同志关于必须把人民拥护不拥护、赞成不赞成、高兴不高兴、答应不答应作为衡量改革和一切事业根本标准的重要思想,到江泽民同志关于中国共产党必须始终代表最广大人民根本利益的重要思想,到胡锦涛同志关于必须把最广大人民的根本利益作为贯彻落实科学发展观的根本出发点和落脚点的重要思想,从中我们可以清楚地看到一条一脉相承又与时俱进的思想主线,这就是:始终站在人民大众立场上,一切为了人民、一切相信人民、一切依靠人民,诚心诚意为人民谋利益。"

习近平用"三个不能"表明共产党人的心迹:"我们必须把人民利益放在第一位,任何时候任何情况下,与人民群众同呼吸共命运的立场不能变,全心全意为人民服务的宗旨不能忘,坚信群众是真正英雄的历史唯物主义观点不能丢。"习近平总书记在党的十九大上所作3.2万多字的政治报告里,就有200多处提到"人民"二字,充分地体现了总书记亲民爱民情怀,因而赢得代表们72次热烈的掌声。

在这一思想的指导下，新党章在总纲部分继承了十八大提出的"发展是我们党执政兴国的第一要务"，但在此句后面新增了引人注目的强调："必须坚持以人民为中心的发展思想，坚持创新、协调、绿色、开放、共享的发展理念。"在十八大党章提出的"使发展成果更多更公平惠及全体人民"后面，新党章新增加了一句更富有时代气息、人民群众日夜期盼的经典表述："不断增强人民群众的获得感。"

总纲"党的建设必须坚决实现以下五项基本要求"的第四项强调："党在自己的工作中实行群众路线，一切为了群众，一切依靠群众，从群众中来，到群众中去，把党的正确主张变成群众的自觉行动。"

在加强各级领导班子建设上，新党章总纲明确提出："培养选拔党和人民需要的好干部。"把人民和党同位。新党章第三十六条新增加了党的各级领导干部必须"信念坚定，为民服务，勤政务实，敢于担当，清正廉洁"。这些都切实体现了以习近平同志为核心的党中央"人民"至上的情怀。

（四）空前强调"从严"管党治党

新党章总纲将十八大党章提出的"党的建设必须坚决实现以下四项基本要求"进行了重大修正，将原来的"四项"基本要求修正为"五项"，新增单列的第五项基本要求就是"坚持从严管党治党"。

为何必须"从严"管党治党？新党章新增了一段观点鲜明的表述："党面临的执政考验、改革开放考验、市场经济考验、外部环境考验是长期的、复杂的、严峻的；精神懈怠危险、能力不足危险、脱离群众危险、消极腐败危险更加尖锐地摆在全党面前。"正是"四大考验"的长期性、复杂性、严峻性，"四大危险"更加尖锐地摆在全党面前，习近平总书记以强烈的忧患意识，提出必须全面"从严"管党治党的战略要求。

如何"从严"管党治党？新党章中提出了几个重要的环节：一是"要把严的标准、严的措施贯穿于管党治党全过程和各个方面"；二是要"坚持依规治党、标本兼治，坚持把纪律挺在前面，加强组织纪律性，在党的纪律面前人人平等"；三是要"强化管党治党主体责任和监督责任，加强对党的领导机关和党员领导干部特别是主要领导干部的监督，不断完善党内监督体系"；四是要"深入推进党风廉政建设和反腐败斗争，以零容忍的态度惩治腐败，构建不敢腐、不能腐、不想腐的有效机制"。

强化党的建设，是习近平总书记治国理政思想的重要环节，在习近平这一思想的指导下，新党章的规定体现了以习近平同志为核心的党中央全面"从严"管党治党的战略定力与自信。

（五）空前强调"文化"价值

习近平总书记在"7·26"重要讲话中指出，"中国特色社会主义是改革开放以来党的全部理论和实践的主题"，要求全党必须"牢固树立中国特色社会主义道路自信、理论自信、制度自信、文化自信，确保党和国家事业始终沿着正确方向胜利前进"。在"四个自信"中，文化自信是更基础、更广泛、更深厚的自信，是更基本、更深沉、更持久的力量。

十八大通过的党章明确指出："改革开放以来我们取得一切成绩和进步的根本原因，归结起来就是：开辟了中国特色社会主义道路，形成了中国特色社会主义理论体系，确立了中国特色社会主义制度。"新党章新增加了"发展了中国特色社会主义文化"，并在后面新增加了"坚定道路自信、理论自信、制度自信、文化自信"的命题。

新党章在总纲里特别强调指出："推动中华优秀传统文化创造性转化、创新性发展，继承革命文化，发展社会主义先进文化，提高国家文化软实力。"首次将"提高国家文化软实力"写入党章。新党章第三条党员义务第八项明确要求："发扬社会主义新风尚，带头实践社会主义核心价值观和社会主义荣辱观，提倡共产主义道德，弘扬中华民族传统美德。"其中"弘扬中华民族传统美德"在以前的党章里是没有的。

（六）空前强调"强国"目标

新党章总纲新增加：到新中国成立一百年时，全面建成社会主义现代化强国。

为把我国建设成为富强民主文明和谐美丽的社会主义现代化

强国而奋斗。走中国特色新型工业化道路，建设创新型国家和世界科技强国。

习近平率领新一届中央政治局常委参观"复兴之路"展览，他百感交集地指出："近代以后，中华民族遭受的苦难之重、付出的牺牲之大，在世界历史上都是罕见的。"是的，一部中国近代史写满了中国人的屈辱，我们古老的东方文明古国的首都三次被帝国主义占领：1860 年 10 月，英法联军占领北京，举世无双的皇家园林圆明园付之一炬；1900 年 8 月，八国联军占领北京，为侮辱中国，在紫禁城举行分列式，武装通过皇宫；1937 年 12 月，日本侵略军占领南京，惨绝人寰地屠杀我同胞 30 多万。

一位网友说得好：只有祖国才是我们的依靠，其他任何别的国家哪怕他说得天花乱坠，都不会成为我们的救世主！只有祖国强大稳定，才是我们老百姓幸福自由的前提！

2012 年 11 月 29 日，习近平参观"复兴之路"展览讲话指出："历史告诉我们，每个人的前途命运都与国家和民族的前途命运紧密相连。国家好，民族好，大家才会好。"

修正后的新党章在总纲指出："到新中国成立一百年时，全面建成社会主义现代化强国"，"为把我国建设成为富强民主文明和谐美丽的社会主义现代化强国而奋斗"。这一表述都将十八大党章中的"国家"修正成"强国"，分量更重，目标更大，任务更加艰巨。习近平总书记在党的十九大报告中提出，"建设教育强国是中华民族伟大复兴的基础工程，必须把教育事业放在优先位置"，提到教育"强国";十九大报告还提出:"坚持陆海统筹,加快建设海洋强国","建设网络强国"。新党章在总纲提出"走中国特色新型工业化道路,建设创新型国家和世界科技强国",其中"世界科技强国"是新增加的。这都反映出新一届党中央战略目标的宏伟与实现目标的自信与担当。

(七)空前强调"共同体"意识

习近平总书记在党的十九大政治报告中指出:"全面贯彻党的民族政策,深化民族团结进步教育,铸牢中华民族共同体意识,加强各民族交往交流交融,促进各民族像石榴籽一样紧紧抱在一起,共同团结奋斗、共同繁荣发展。"历史证明,铸牢中华民族共同体意识对于国家统一、民族团结具有重要意义:它是维护国家统一的思想基础,是促进民族团结的必要条件,是实现中华民族伟大复兴的必然要求。在习近平这一思想的指导下,新党章的总纲提出:"帮助少数民族和民族地区发展经济、文化和社会事业,铸牢中华民族共同体意识,实现各民族共同团结奋斗、共同繁荣发展。"其中"铸牢中华民族共同体意识"是新增加的,这将强化全党的民族团结意识,有利于促进民族团结和祖国和平统一。

与此同时,新党章总纲还提出:"在国际事务中,坚持正确义利观,维护我国的独立和主权,反对霸权主义和强权政治,维护世界和平,促进人类进步,推动构建人类命运共同体,推动建设持久和平、共同繁荣的和谐世界。"其中"坚持正确义利观""推动构建人类命运共同体"是新增加的。

（八）空前强调"生态"意识

新党章总纲新增加的内容：建设社会主义生态文明，树立尊重自然、顺应自然、保护自然的生态文明理念，增强绿水青山就是金山银山的意识。着力建设资源节约型、环境友好型社会，实行最严格的生态环境保护制度。

（九）空前强调"支部"功能

新党章新增了第三十四条：党支部是党的基础组织，担负直接教育党员、管理党员、监督党员和组织群众、宣传群众、凝聚群众、服务群众的职责。

作为一名党员或入党积极分子，应当带头深入学习新党章，领会思考感悟新时代党的指导思想的丰富与发展，坚定信念，践行"两个维护"，做一名合格的党员。

学习思考：

1. 新党章的历史贡献有哪些？
2. 新党章的时代特性有哪些？

后　记

中华文明经历了 5000 多年的历史变迁，但始终一脉相承，积淀着中华民族最深层的精神追求，代表着中华民族独特的精神标识，为中华民族生生不息、发展壮大提供了丰厚滋养。

在思政课教学中，如何充分发挥地域文化优势，将儒家优秀文化融入思政课教学，不断增强教学的针对性、实效性和吸引力，一直是我们教学团队深沉思考的问题，也是我们孜孜追求的目标。我们团队撰写的洋溢着浓浓的儒家文化气息的《"思想道德修养与法律基础"教案》2010 年获教育部"精彩教案"，"儒家文化传承与思政课教学创新"获山东省 2014 年十大重点课题，其研究成果 2018 年获山东省教学成果二等奖。

"十年磨一剑。"在前期研究探索积淀的基础上，"中华优秀传统文化融入思想政治理论课教学研究"2018 年获教育部"思想政治理论课教学方法改革择优推广计划项目"，"儒家优秀文化与中华民族伟大复兴"获全省高校 2018 年思政工作十大建设计划重点项目（"形势与政策"课改革项目）。

以课题研究为引领，我们"形势与政策"教研室对自选专题进行了科学规划，斟酌拟定了十二个大的专题，既有习近平总书记关于传承发展中华优秀传统文化的重要论述，又有儒家文化传承与中华民族伟大复兴内在关系的研究，约请了我校马克思主义学院、历史文化学院等知名学者撰写教案，成型后我们邀请授课骨干教师对各个专题进行精心研读和审慎修改，使之更像"教案"。主编张立兴教授、辛宝海副教授全程负责专题的遴选设计、分工撰写、文稿修改、教学推广等工作。

"教案"付梓之时，我们倍感高兴和欣慰。我们感谢教育部社科司刘贵芹司长、省教育工委陈成标处长、省德育中心姚昌主任、曲阜师大党委宣传部纪洪涛部长、学工部王志华副部长的精心指导，感谢马克思主义学院李安增院长、孙迪亮常务副院长的大力支持，更感谢教研室同仁的大力配合。我们坚信，只要不懈努力，久久为功，就一定能把"形势与政策"课建成大学生真心喜欢、终身受益、终生难忘的课程。

编 者

2020 年 5 月